中國傳統

佛菩薩畫像大典

叁 菩薩卷二

編繪 釋心德

文物出版社

序　言

　　佛像,應該是放在寺廟裏的,把佛像模仿博物館的方式一樣陳列的寺廟,雖然也有,但是,這并不是它本來所應有的擺放方式。

　　佛像被安置在寺廟裏的原因,是非常單純的,那就是把佛教的尊恪,用形狀來加以顯示。"佛像"在佛教的世界裏,是很重要的一部分,因爲它創造,并且表達了佛的境界。把佛像當藝術品,或古董,甚至當做歷史遺物,并不是錯誤的,問題是要寫關於佛像的書籍時,所可以參考依據的這類資料,實在是太多了,簡直令人分辨不出哪一種比較正確,這真是一個不容忽視的嚴重問題。

　　把佛像當做"佛"這個重點來處理時,究竟要從哪裏開始着想呢?我們認爲應該把佛教作爲前提,在佛教世界的脉絡裏,去探究佛像所持有的獨特意味,才是正確的方法。佛像并不是在一時的高興或是旨在欣賞它的姿態時才被創造的,如果仔細探討,不難發現各種種類和姿態的佛像,被安置在各個不同場所,這是必須根據佛教的教理、按固定的方法來安置的。

　　説到這裏,如果加以分析的話,可以從"教"與"理"兩方面來談。"教",就是教法,具體來説就是解釋佛經裏的内容;"理"就是用具有體係的、嚴密的,以及平易疏淺的方式來説明佛經,讓人理解。但是,不管是教或是理,都是需要以言語、文字來當媒介的,若是不用言語二字的牽引,就沒有辦法理解。這是非常麻煩,却又是不可避免的一件事。從數不盡的各種言語當中,去了解某一件事物的理,并不是一件簡單的事,不僅對内容不易了解,甚至對以前所讀過的、聽過的或記憶裏的都一樣不容易。當要仔細思考一件事情時,經常會有很多的雜念,沒有辦法集中思維去進行。對像這些或多或少具有輕微力量的普通人來説,佛像剛好是最好的輔助和牽引。

　　"慈悲"是什么?"方便"是什么?"智慧"是什么?"極樂往生"又是什么……,當不能完全體會這些佛教境界和名相的真實時,如果能把佛像或佛畫放在際目所及的地方,可能比較能集中我們的思維,幫助我們的思考。在佛教裏,對觀、想、定這些名詞的使用,和對冥想以及冥想法,都説得很清楚。例如在"净土宗"裏,阿彌陀如來和兩側的觀世音菩薩、大勢至菩薩,對極樂净土境界的描述,用非常明朗化的形態來讓人打心底産生向往心。觀想、觀念、觀佛、念佛,這些名相,也可以説明冥想法的意思。這種冥想法,在佛經中也有明確的記載。但是,如果只看了經典,還是無法輕易地使用冥想法的。因爲,不是具體的事情,要用定力去沉思、觀想,畢竟不是一件容易的事。而是要努力修持,才能做到的。雜念,是每個人都會有的,而且會不斷地涌上心頭的,所以始終是一件傷腦筋的事,趕也趕不走,即使稍稍排除,也是還會立刻再浮上來。有趣的是,想要排除雜念的這種念頭,它本身又何嘗不是一個雜念呢?如果沒有某一種東西來牽引,一般凡俗的人,是比較不容易集中心思的。所以,人人都想尋求冥想時能當做牽引的東西,這就是與净土宗關係密切的佛像和佛畫,是靠視覺的注意力來集中思維。眼前如果有經典中所描繪的阿彌陀佛像的話,那就是最好的牽引,我們可以借他來觀想阿彌陀如來佛。

　　用言語不易表達的事情,有時將圖像擺在眼前,往往會出乎意料之外,可以很順利地傳達内容，這就是佛像會被廣泛接受，并且不斷製造的最大原因。所以，佛像是應那些想堅强信息的人的需要而存在，這一點是毫無疑義的。有了信心，佛教徒們求取菩提的心，和已發的菩提心是没有二樣的。退一百步來説，信心是向佛菩薩祈求家庭平安，無病消災的最原始力量。雖然這樣，但是請安心，佛教（尤其是大乘佛教）并不需要用急迫的心情去速求理解，對一個祈願的人來説，不見得能立即滿願。佛教的思想究竟是什麽？這個深奧的善知識，對一般抱着祈願的心而來的人來説，是不一定能接受的。所以，對能用來聽聲音的耳朵來説，大乘佛教的佛和菩薩們，就是要把我們導引到佛教真實世界的踏脚石，把人們眼前的問題先行解決，才是善巧方便。以密宗《大日經》來説，除了可以達到方便法門之外，更進一步能闡述出來"理想是什麽"的地步。"方便究竟"，這是經典上所强調的文字記載。用什麽方法去有效地實踐慈悲，這是佛教的最終境界之一，因此，維持這樣的心情，不退轉信心，對這些人們在精神上的依靠，會産生出是否應該有佛像的結論。因此，把佛像當做修行（冥想）和信心的依靠，正可説是接引上的有效輔助方法之一。

事實上，佛像在原則上，并不是用來代表佛或者菩薩的，就如前面所説的，是把佛像當做修行和信心的輔助而已。心中的念頭太過於集中，把佛像中的佛，當作有如見到真佛，這樣的現象是常有的，也是負有某種特殊意義的，這種自古代印度婆羅門教以來，神秘性的同置冥想的説法，多爲佛教徒所接受，這是無可置疑的。

佛像产生的考据

佛像究竟是爲什麽緣故而存在的？這個緣由，我們可以在大體上陳述一下，因爲有些學者曾經去印度實地考察佛像形成和製造的過程。不知什麽道理，在印度，佛教宏揚以前，習慣上是根本没有神像的。不僅没有神像，甚至連神龕、佛堂這一類的宗教設施也没有。當有祭典的時候，才設一個祭域或祭壇，爲了祭典，有時也會特别准備一些道具，一旦儀式結束後，這些東西都會全部銷毁。這是什麽理由？至今仍然是一個解不開的謎，反正在佛教的場合，我們可以看得出，佛像已經成爲永久性的宗教遺物，這一點是錯不了的事實。

可是在剛開始時，并不是那麽簡單的，從我們現在的感覺來説，在釋尊入滅之後，把他紀念像製造出來，讓後世人贊嘆他的德行，這樣一件現代人看起來簡單的事，在當時并不是那麽容易就被接受的。

在釋尊入滅後，經過兩三百年，佛像的製作才開始萌芽。但并不是照釋尊原來的形態一模一樣地做出來，而是把他的足印（佛足石）或是釋尊悟道的菩提樹，或是象徵釋尊説法的法輪（輪寶），來間接代表釋尊。因爲釋尊太崇高偉大了，如果把他的形相，原原本本地表現出來，也許會被認爲冒瀆了他的神聖。這是長久以來，一般人對這件事的解釋。但是對這樣的説明，却也有人認爲因爲不真實，而不妥當呢。佛教内部的信徒們，談論這件事的態度，倒是很隨緣的，他們的觀念是，世尊已經入滅，不存在於這個世上，對於一個入滅而進入涅槃的人，哪來的（軀體）這種實物呢？這樣的解釋，覺得比較合理。

對於佛的身體，還是不斷有人在進行考查探究。佛的身體特征，首先引起人們的好奇，一般人的感覺是：因爲是"佛"，所以和我們凡夫不應該有同樣的軀體，所以傳說中理想的帝王把轉輪聖王的形體特征當做樣本，眉間有白毫，身體會發出金色光輝……這些吉祥的超人特征。經過相當的一段時間之後，佛的三十二相，八十種好，便用這種形狀慢慢地被固定出來。直到今天還被當做佛像（尤其是如來像）的製作基准。在那時剛剛開始慢慢擴大的大乘佛教，也致力於發展出另一種形態的佛教理論。據大乘佛教的説法，成佛的并不只是釋尊一個人，過去也一定有一些人開悟成佛，釋尊是他們之中的第七佛。

　　大乘佛教的傾向，更增加了許多新的想法，那就是過去世、現在世、未來世。并且又主張四方、四維及上下合成的十方，都隨處充滿了佛，所謂的三世十方諸佛，指的就是這個意思。到現在爲止，還沒有提過阿彌陀如來、藥師如來、阿閦如來、毗盧遮那佛等，大乘佛教經典裏，都會爲我們一一介紹。佛究竟用什么樣的形態存在着呢？究竟具有什么樣的身軀呢？或用什么樣的方法來表現他自己呢？這些事，一直爲後人所談論着。這樣的言論，可以稱之爲"佛身論"。

　　以言論比較古老的基本佛身論來説，可以把他分爲法身和生身的二身論，以及法身、報身和應身的三身論，這二種説法。

　　以二身論來説，法身的意思并不是我們所認爲的身體，也不僅是肉體。按照佛教的教法是指"無色、無形、莊嚴而不見，以正法爲體，而證得的理體。"生身是指"諸佛爲了濟渡衆生而托父母胎生的肉身。"例如釋迦如來的身體便是。過去，有很多的佛示現在這個世界上，不管是真實或是示教，從古代到現在，意味着永遠始終不變的在我們周圍，這就是法身的意思。比如釋迦牟尼佛就是把法身放在世上，而用肉體示現的人。

　　接下來談到三身論，所謂法身和二身論裏的法身意思相同。應身和生身的意思也一樣，只不過應身更加説明了變化身的意義。就是説對真實或教示的法身，爲了要普渡、救濟衆生，而顯現的一種姿態。報身的定義，就是在久遠以前立下了誓願，據此願力修行的菩薩。爲了誓願與修行的積累，終於成佛。換一種説法來解釋，報身就是爲了誓願和修行的報酬，而得到的身體。照這樣説來，釋迦如來是應身（生身）和報身兼具，一般除了釋迦如來以外的如來，如阿彌陀如來和藥師如來等，就不具備這樣的雙重身軀。因此，報身是很微妙的、叫人捉摸不定的身體。在這裏，我們不妨以阿彌陀如來，來進一步做應身的解釋，像他這樣的如來，在這個娑婆世界存在，但在娑婆世界上并沒有直接對衆生布教的經歷，這種"經歷"就是區別的重要理由，也是唯一的理由。以應身的身份，在娑婆世界上，直接教導佛法的如來，釋迦如來是最後的一位如來。

　　就像這樣，"佛"的身體，被一般人議論着，同時三十二相、八十種好，也逐漸被整理出來，佛身體超人的特征，經過考察以後，佛像的製作，就根據這個佛姿，慢慢地去表現了。佛像經過這樣的演進之後，便大量的塑造出來了。

目　录

圖版

一、八大菩薩

釋迦牟尼三十五歲成佛，據稱次年三月十五轉密宗法輪，始有密宗。密宗修習分爲四個階段，即"密宗四部"或"四續"：事部（續）、行部（續）、瑜伽部（續）、無上瑜伽部（續）。四續的出世部分佛分三部、五部、六部。以五部來說，包括如來部、蓮花部、金剛部、寶生部和業部。每部除有部尊（佛）外，還有管理世間的菩薩，如：如來部有普賢菩薩，蓮花部有觀音菩薩，金剛部有金剛手菩薩，寶生部有文殊菩薩，業部有彌勒菩薩。每部還有其他眾多的菩薩、眷屬、使者、護法等無量無數神祇，所以佛教乃愈來愈復雜、愈來愈妙化不可方物，而成爲牢不可破的係統。

密教中有八大菩薩之說。這八大菩薩包括上面提到的五位大菩薩。據佛經講，八大菩薩是常隨侍佛的，護持正法，救護眾生。但八大菩薩的組成，佛經中有不同說法，如《八大菩薩經》和《藥師經》中就有所不同。《八大菩薩經》中有文殊、觀音、彌勒、虛空藏、普賢、金剛手、除蓋藏和地藏，《藥師經》中則是文殊、觀世音、大勢至、無盡意、寶檀華、藥王、藥上和彌勒。

第一種說法流行最廣、影響最大。前面多數菩薩已專門做了介紹，下面再擇要介紹其餘幾位。

金剛手菩薩：據稱金剛手菩薩是釋迦牟尼佛說密法時所呈現的形象，是釋迦佛的秘密化身，所以又叫秘密主菩薩。他屬金剛部，因手持金剛杵而得名，故又稱金剛菩薩。又因其執金剛杵常護衛佛，他還被叫作金剛手藥叉。金剛手與觀音、文殊三位菩薩合爲著名的"三族姓尊"，即"三怙主"。金剛手還被視爲大勢至菩薩的忿怒化現。對藏密佛菩薩身變來變去的現象，是因爲佛教有法身、化身和報身三種不同的佛體顯現，變化無方，所以許多佛菩薩的各種變化身都應看作是佛教教義的體現。深意的金剛手是指表大日如來身語意三密的金剛薩埵，即密乘第二祖。

金剛手的形象有多種。最常見的是一面二臂三目，身呈藍黑色。右手怒拳持金剛杵上舉，左手怒拳持金剛鈎繩當胸或左手安於胯。頭戴五股骷髏冠表五佛，以雜寶及蛇爲瓔珞，下穿虎皮裙。足右屈而左伸，威立於烈焰之中，凶猛之相顯示其護法的威力。

密宗以爲，修煉金剛之法，有不可思議之功德，可消滅地水火風所生諸災難，一切所求無不如願，臨終時直生西方淨土。

除蓋障菩薩，全稱除一切蓋障菩薩，又作降伏一切障礙菩薩。此菩薩爲密宗胎藏界曼荼羅中除蓋障院中的主尊菩薩，密號離惱金剛。院內另有破惡趣、施無畏、除疑怪、不思議慧等八位菩薩。通俗講，這是一位幫人去掉一切煩惱的大菩薩。

"除蓋障"乃消除一切煩惱之意。佛教中有修道五蓋、五障說法，即修禪時障礙坐禪、使人難以入定的一些心理障礙。"五蓋"之"蓋"，是指這些障礙能覆蓋心性光明而不能顯現，故稱"蓋"。五蓋包括貪欲蓋、嗔恚蓋、睡眠蓋、掉悔蓋、疑蓋。五障包括煩惱障、業障、生障、法障、所知障。修行者必須弃除上面的種種蓋障，即令一切煩惱業苦盡皆除滅，才能獲得所謂見法明道的"除蓋障三昧"。若得此三昧者，則與諸佛菩薩同住。《大日經疏》稱："得除蓋障三昧，見八萬四千煩惱之實相，成就八萬四千之寶聚門。"

除蓋障菩薩的形象是：左手持蓮花，花上有如意寶珠，乃以菩提心中之如意珠施一切眾生，滿其所願；右手結無畏印。

無盡意菩薩，又叫無盡慧菩薩。因其觀一切事象之因緣果報，皆爲無盡，而發心上求無盡之諸佛功德，下度無盡之眾生，故名無盡意菩薩。密號是無盡金剛、定惠金剛。

無盡意菩薩身呈白肉色，左手置拳置腰間，右手持花雲。據《大方等大集經·無盡意菩薩品》載，無盡意菩薩出現於東方不昫國普賢如來之世界。

《金剛頂瑜伽經》稱："諸佛菩薩依二種輪，現身有異。一者法輪，現真實身，所修行願報得身故；二者教令輪，現忿怒身，由來大悲現威猛故也。"是說佛菩薩由正法輪與教令輪兩種輪身，分別現真實身和忿怒身。八大菩薩爲菩薩形之真實正法輪身，由此八大菩薩受佛教之教令轉化爲忿怒相以降伏愚暗邪魔的教令輪身，即八大明王。

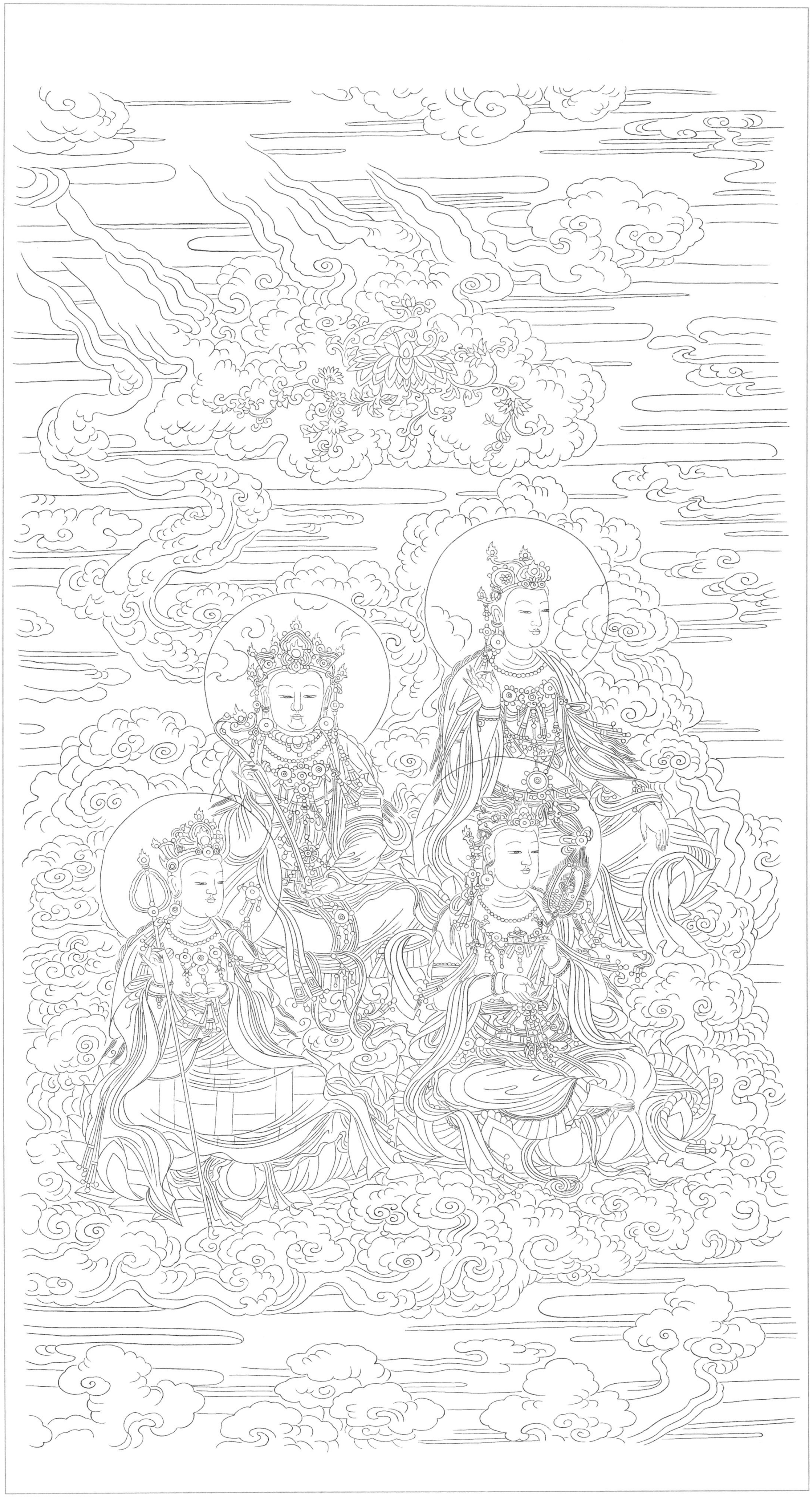

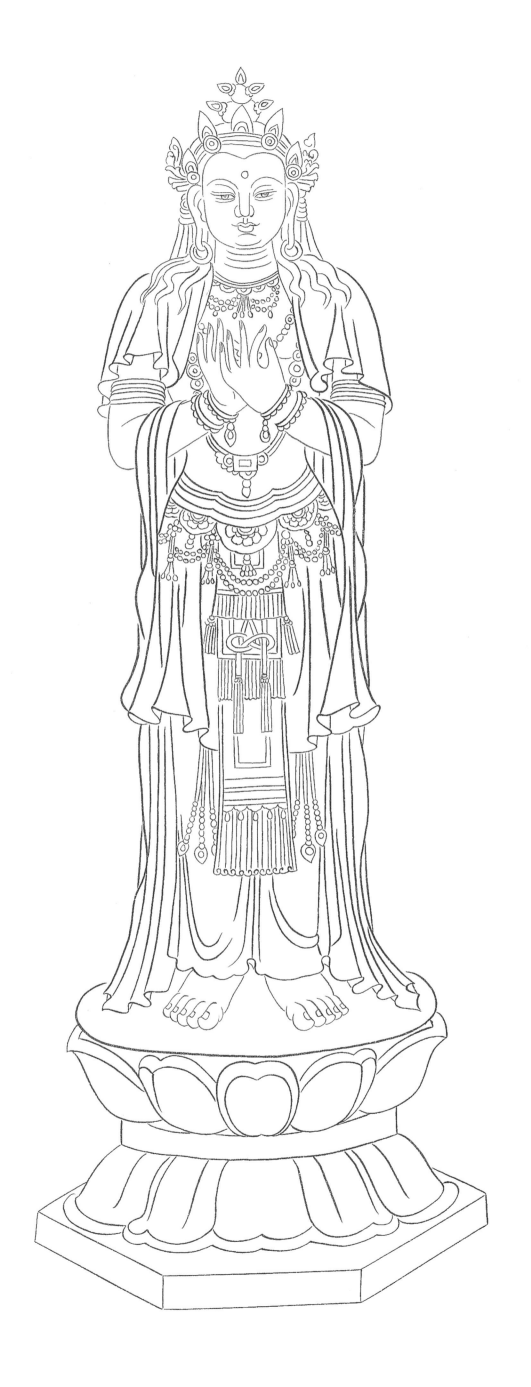

唵乂嘛乂泥乂叭乂嘛乂吽

唵乂嘛乂呢乂叭乂嘛乂吽

一〇、八大菩薩之八　除蓋障菩薩

二一、八大菩薩之一　除蓋障菩薩

二一、八大菩薩之三　虛空藏菩薩

二二、八大菩薩之四　普賢菩薩

二五、八大菩薩之七　除蓋障菩薩

二、藥師經八大菩薩

據《藥師琉璃光如來本願功德經》云："有能受持八關齋戒……。以此善根，願生西方極樂世界無量壽佛所，聽聞正法，而未定者。若聞世尊藥師琉璃光如來名號，臨命終時，有八大菩薩乘神通來，示其道路，即於彼界種種雜色眾寶華中，自然化生。"義淨法師所譯《藥師七佛本願功德經》說明爲："有八大菩薩，其名曰：文殊師利菩薩、觀世音菩薩、得大勢菩薩、無盡意菩薩、寶檀華菩薩、藥王菩薩、藥上菩薩、彌勒菩薩。"可見"藥師八大菩薩"原有除病與接引至佛國的意義。

文殊菩薩智慧、辯才第一，故人稱"大智"。有時手持金剛寶劍，表示以智慧劍斷除一切無明煩惱；有時端握青色蓮花，表示不染諸法三昧。亦常以獅子爲坐騎，表示智慧之力威猛無比；或以蓮花爲臺座，表示清淨無垢染。

無盡意菩薩因觀一切事象之因緣果報皆爲無盡，而發心上求無盡之諸佛功德，下度無盡之眾生，故稱無盡意菩薩。藥王、藥上兩位菩薩過去本爲兄弟，兄爲星宿光長者，弟名電光明；因以良藥供養日藏比丘及眾僧眾，得大眾讚嘆星宿光長者爲"藥王"，電光明爲"藥上"。后兄弟施醫行善，雙雙修成菩薩，佛陀曾預言他倆將在未來世成佛，號"淨眼如來"和"淨藏如來"。彌勒菩薩又譯作慈氏，已受記爲當來下生彌勒佛，現居兜率內院說法。

二七、藥師經八大菩薩之一 文殊師利菩薩

二八、藥師經八大菩薩之二　觀世音菩薩

二九、藥師經八大菩薩之三 大勢至菩薩

三一、藥師經八大菩薩之五　寶檀華菩薩

三三、藥師經八大菩薩之七　藥上菩薩

三、密宗菩薩之一

1. 豐財菩薩：梵名，意爲福德、尊貴，又作資財主菩薩。能自在施予祈求者福德、資財與智慧。位於密教胎藏界曼荼羅觀音院中，密號爲如意金剛。豐財菩薩之福德智慧資財豐饒，能自在施予祈求者，使一切衆生具足豐富資財，所以稱豐財菩薩。菩薩身呈白肉色，左手持蓮花，其中一花已開，一花未綻放；右手屈舉手肩膀，仰掌，屈無名指及小指，跏跌坐於赤蓮花上。

2. 寶手菩薩：以净菩提心之如意寶珠，成就滿世間及出世間的成就，宛如如意珠在手，能滿足一切所願，所以稱寶手菩薩。寶手菩薩位於密教胎藏界曼荼羅地藏院中，九尊的第六位。其形象乃左手按腰持蓮花，花上有三股金剛杵，杵上并有寶珠焰鬘；右手舒掌托寶珠當胸，半跏跌坐於赤蓮花上。

3. 多羅菩薩：多羅是梵文，意譯作眼、極度、救度，所以略稱爲“度母”。爲觀世音菩薩的化身，是密教中觀音部的佛母。又稱聖多羅菩薩、多羅尊觀音、綠度母、聖救度佛母等。在三十三觀音中，爲第二十四尊。

據《大方廣曼殊室利經·觀自在菩薩授記品》中所載，觀自在菩薩住普光明多羅三昧，以三昧力，自眼中放大光明，多羅菩薩即從光明中生，爲妙女形，以清凉光明普照衆生，憐憫衆生宛如慈母，誓度彼等脱離生死苦海。

4. 大隨求菩薩：觀音菩薩之變化身，略稱隨求菩薩，能使一切衆生所求圓滿。在胎藏界曼荼羅中，此尊居觀音院。大隨求菩薩能隨衆生之祈求，而爲除苦厄，滅惡趣，能圓滿一切衆生所願，因此稱爲大隨求。

據《大隨求陀羅尼經》所記載，如果有人聽聞其咒，即能消滅罪障。若受持讀誦，則火不能燒、刀不能害、毒不能侵、能得一切護法之守護。尚能護諸國土，使之風調雨順，無諸農害。

大隨求菩薩之尊行爲：身呈黄色，一面八臂，作無畏狀。所戴寶冠中有化佛，八臂各結印契，所以有八種手印，相應手印，而有八種真言。其八手又分別持法器，右手一手持金剛杵，右二手持寶劍，右三手持斧，右四手持三叉戟；左一手持火焰金輪，左二手持輪索，左三手持寶幢，左四手持梵篋。密號爲與願金剛，三昧耶形爲梵篋。

5. 金剛牙菩薩：爲金剛界北方不空成就如來四親近菩薩之一，自一切如來無畏調伏門所出生，金剛界十六菩薩之一。又稱金剛藥叉、金剛摧伏菩薩。別名摩訶方便菩薩，金剛上菩薩等。此尊爲毗盧遮那佛於内心證得金剛藥叉方便恐怖三摩地的智慧，由於自受用的緣故，從金剛藥叉方便恐怖三摩地的智慧中，流出金剛牙光明。遍照十方世界，降伏剛强難化衆生，安置於菩提道，還來收爲一體。爲了使一切菩薩受用三摩地智慧的緣故，化成金剛牙菩薩，安住於不空成就如來左方之月輪。

由於金剛牙菩薩加持的緣故，行者能摧毁天魔一切外道，能戰勝無始煩惱怨敵。

6. 金剛拳菩薩：爲金剛界北方不空成就如來四親近菩薩之一，自一切如來住持成就門所出生，爲金剛界十六菩薩之一。此尊爲毗盧遮那佛於内證得金剛拳印威靈感應三摩地的智慧中，流出金剛拳光明，遍照十方世界，使一切衆生除去業障，速獲世間出世間悉地圓滿，還來收爲一體。爲了使一切菩薩用三摩地智慧的緣故，化成金剛拳菩薩，安住於不空成就如來後方之月輪。

由於金剛拳菩薩加持的緣故，行者與身、語、意三密相應的法門，無量真言三昧印契合成一體。

7. 窣堵波大吉祥菩薩：此尊形爲肉色，左右手各當胸持蓮花，安坐於赤蓮花上。密號爲利樂金剛或利益金剛。

8. 耶輸陀羅菩薩：爲釋迦牟尼佛未出家前悉達多太子之正妃，羅睺羅之母。耶輸陀羅相好莊嚴，姝妙第一，具足德性美貌。她在世尊成道五年後，與世尊之姨母摩訶波闍波提等五百名釋迦族女，亦剃染受具足戒爲比丘尼。

在曼荼羅中，耶輸陀羅位於胎藏界曼荼羅觀音院。其形象身呈黃金色，呈天女之像，頭戴金綫冠，右手結與願印，左手持一樹枝。密號爲示現金剛。

9. 持金剛菩薩：爲胎藏界曼荼羅金剛手院之菩薩。身形呈赤肉色，左手持獨股杵，立右膝，安坐於赤蓮花上。密號爲無量語金剛。

10. 大明白身菩薩：爲胎藏界曼荼羅蓮華部院内之菩薩。其身形呈淺黃色，右手屈臂，結與願印，置於胸前，左手屈肘，執開敷之蓮花，坐於蓮花上。密號爲常净金剛。

11. 大吉祥明菩薩：爲胎藏界曼荼羅觀音院中之菩薩，又作吉祥觀自在菩薩、吉祥菩薩。"大吉祥"，表示不染生死，清净無垢，即以無染清净法門破除眾生之冥暗。其身形呈肉色，趺坐於赤蓮花之上，左臂持未開敷之蓮花；右手立掌，掌心向外，屈無名指、小指，餘三指豎立。密號爲常慶金剛。

12. 忿怒月黶菩薩：爲胎藏界曼荼羅金剛手院之菩薩。又作忿怒月黶尊，金剛月黶等。根據《大日經》卷一《具緣品》記載，於執金剛之下，有忿怒降世，能摧伏大障者，稱爲月黶尊。其尊形身呈青黑色，戴天冠，三目四臂，呈極忿怒形，口現四牙，左第一手握拳交腕，左第二手張臂持獨股杵，右第二手舉肘執三股戟，結跏趺坐於赤蓮花上。密號爲底羅金剛。

13. 寂留明菩薩：位於胎藏界觀音院第二行第七位，密號爲定光金剛，彌勒定門之尊，代表寂靜心光明長存的含義。其形象爲全身呈肉色，左手結燈明之印，右手結金剛拳印，身披天衣，瓔珞遍體，立左膝，結自在坐於赤色蓮花上，衣帶翻飛似風天涌動。

14. 蓮花部發生菩薩：是胎藏界觀音院中臺第一行上面的一尊，密號爲無盡金剛，代表此菩薩出生蓮花部所有諸尊菩薩。無盡，象征此菩薩的法力無有窮盡，無邊無際。修持此菩薩的信眾，法力能得到日益增長。蓮花部發生菩薩形象全身呈肉色，左手持蓮花，右手當胸屈無名指，或并屈小指，結燈明之印，身披五色天衣，瓔珞遍體，結半跏趺坐於赤蓮花上。

15. 毗哩俱胝菩薩：是梵名音譯爲毗哩俱胝，有蹙眉之意。密號爲降伏金剛、定慧金剛、除障金剛。

依《大日經疏》卷十記載："佛大會中，時諸金剛現大可畏降伏之狀，狀如無有能伏之者時觀音額皺中現此菩薩，西方爲額上皺紋爲毗俱胝，如今人忿時額上有皺也。此菩薩現身作大忿怒之狀，時諸金剛皆生怖心，入金剛藏中。時彼毗哩俱胝進至執金剛藏前，時彼亦大怖畏，入如來座下而言：'願佛護我'。時佛謂彼毗哩俱胝言：'姊汝住。'時毗哩俱胝知即住已白佛：'惟佛所教敕我當奉行。'爾時諸金剛怖畏亦除，皆大歡喜而作是言：'此大悲者，而能現此大威猛，甚稀有也'。"由此可知毗哩俱胝菩薩現起的因緣，及其不可思議的大威勢力。

於胎藏界曼荼羅中，此菩薩居蓮華部院内，三昧耶形爲數珠鬘，印相爲毗俱胝印。此尊身形呈肉色，現四臂像，左一手持蓮花，次手持瓶，右一手結施無畏印，次手持念珠，着羯磨衣，端坐青蓮花上，額上有眼。

16. 不空羂索菩薩：全稱爲不空羂索觀世音菩薩，又稱不空王觀世音菩薩、不空廣大明王觀世音菩薩、不空悉地觀世音菩薩、不空羂索菩薩。

依《不空羂索神變真言經》所傳，在過去第九十一劫中，觀世音菩薩曾受世間自在王如來的傳授，而學得不空羂索心王母陀羅尼。此後觀世音菩薩即常以真言教法，化導無量百千衆生。因此，當觀世音菩薩示現化身，以此法救度衆生時，便稱爲不空羂索觀音。

不空羂索菩薩一名的"不空"是指心願不空之意，"羂索"原是指印度在戰争或狩獵時，捕捉人馬的繩索，以"不空羂索"爲名是象征觀世音菩薩以慈悲的羂索救度化導衆生，其心願不會落空的意思。

所以此尊觀音的形象，雖然有一面八臂或三面六臂等多種，且手持羂索，有懾伏衆生的意思，但是其真正的寓意，則是誓願宏深的廣大慈悲。以經典所載，凡能如法受持不空羂索心王母陀羅尼的人，現世可得無病、富饒、無橫災等二十種功德，臨終也可得無病痛，觀音莅臨勸導等八種利益，甚至於可以護國佑民、防止天灾地變等功德。

此菩薩在胎藏界中觀音院内，形象爲三面四臂，每面皆有三面，正面肉色、右面青色、左面黑色，表三德之意，左第一手持蓮花，第二手携羂索，右第一手持念珠，第二手執軍持，并披有鹿皮袈裟。

另外還有一面三目十八臂、一面四臂或三面二臂、四臂、十臂、十八臂，等等，最普遍的應是一面三目八臂像。其形象爲眉間白毫上竪有一目，左右二手合掌當胸，左次手持蓮花，次手於膝上持羂索，第四手作與願印；右第二手持錫杖，第三手於跏上持白拂，第四手作與願印，垂諸指仰掌，左右相對作同印不持物。二足以左安右上，着鹿皮袈裟。

17. 無盡意菩薩：又譯作無盡慧菩薩、無量意菩薩。在《大方等大集經卷二十七·無盡意菩薩品》内，叙述此菩薩爲使舍利弗見不眴世界的普賢如來，而入佛土三昧，合掌遥禮彼佛，灑微妙香華供養之。當香華散至普賢如來世界時，彼國諸菩薩見之，皆樂欲見娑婆世界釋迦文佛及大衆，普賢菩薩遂放大光明照耀娑婆世界，令該國諸菩薩都能遥見此土。

關於無盡意的名稱，該經説一切諸法之因緣果報名爲無盡意，一切諸法不可盡，意即發菩提心不可盡乃至方便亦無盡。《觀音義疏》卷上則説，凡八十無盡，八十無盡悉能含受一切佛法，由此得名無盡意也。另外，在《法華經玄贊卷十·觀世音普門品》中説，無盡意菩薩，行六度四攝等種種妙行，并誓度衆生，等衆生界盡菩薩之意才盡，衆生未盡菩薩之意也無盡，所以就叫無盡意。

在密教中，此菩薩爲賢劫十六尊之一，列在金剛界曼荼羅三昧耶會外壇北方五尊之西端。此菩薩因發願於娑婆世界，度無盡無餘之衆生而有此名，密號定惠金剛或無盡金剛，其形象爲身呈白肉色，左手作拳按腰，右手持華雲。

18. 常不輕菩薩：又稱爲常被輕慢菩薩，略稱爲不輕菩薩、不輕大士，是《法華經》中記載的一位弘揚"衆生皆可成佛"思想，修忍辱行的菩薩。

據《法華經卷六·常不輕菩薩品》記載，在過去世，威音王佛滅度後，過正法進入像法的時候，增上慢比丘擁有大勢力。當時常不輕菩薩却經常禮拜讚嘆四衆説："我深敬汝等，不敢輕慢。所以者何？汝者皆行菩薩道，當得作佛。"當時，四衆中有生起嗔恚、心不清净者，就惡口責罵此菩薩，有時甚至用杖木、瓦石丢擲。但菩薩不因此退縮，仍然高唱"你們必將成佛"之語。因此，增上慢比丘、比丘尼、優婆塞、優婆夷，便稱其爲"常不輕"。

這位菩薩臨終時，見到威音王佛現於虛空，宣説《法華經》。菩薩聽聞之後，完全能够受持，所以得證六根清净，更增壽命爲二百萬億那由他歲，而爲他人宣説《法華經》。

19. 賢護菩薩：是八大菩薩及十六大菩薩之一，梵文爲跋陀羅波羅，又譯爲善守、仁賢，及賢護勝上童真。

《大智度論》卷七謂善守等十六菩薩是居家菩薩，且説善守是王舍城舊人，白衣菩薩中最大。又《八吉祥神咒經》言，若有急疾，稱賢護等八人名字，即得解脱；命終時，此八人便會飛往迎之。

密教以此尊爲賢劫十六尊之一，位列金剛曼荼羅羯磨會等輪壇西方之第二位。密號巧護金剛或離垢金剛。三摩耶形爲賢瓶。日本圓仁之《金剛頂大教王經疏》卷二説："爲諸群生化導之主，能守護之，不過時處，説法相應，煩惱離垢，令得睹見本際清净法界曼荼羅身，故爲主宰。稱爲功護，亦爲立構者即是賢護也。"此尊形象是紅色女形，左手作拳按膝上，右手捧持賢瓶，坐蓮花上，女形代表定德，紅色代表慈悲，賢瓶代表護持衆生之清净智水。

在胎藏界曼荼羅，此尊位居除蓋障院九尊中第四位，又稱除疑怪，密號爲功濟金剛，三摩耶形爲獨股金剛杵，坐赤蓮花上。獨股杵是如來金剛之智慧，善於除却衆生之疑悔，故號除疑悔。以如來一實之慧光，從黑暗中巧救衆生，故名巧濟金剛。

此外，禪刹將此尊像安置於浴室。這是根據《楞嚴經》卷五所言，賢護在浴僧之時，隨例入室，忽悟水因，即不洗塵，亦不洗體，中間安然得無所有，因此奉祀於浴室。

20.智積菩薩：又稱爲辯積菩薩，密號巧辯金剛、定慧金剛，隨從多寶如來同至法華會上的菩薩。據《法華經·提婆達多品》所載，智積菩薩由下方多寶佛之國土，來娑婆世界，於法華會上與文殊菩薩議論女人成佛一事。

此外，智積菩薩也是賢劫十六尊之一，在密教金剛界曼荼羅三昧耶會、微細會、供養會中，位列外院方壇北方四尊中第四位，代表如來化他的斷智，其智體與四智等同，能含攝萬智，所以稱智積。在微細會中，其形象爲左手握拳，置於腰際，右手屈、持蓮花置於胸前，兩手持蓮花，其上亦有花雲。一般以此菩薩與文殊菩薩或無盡意菩薩爲同尊。又據《決定總持經》所載，阿閦如來之前身即名辯積。

21.薩陀波倫菩薩：意譯爲常啼菩薩。在佛典中，此菩薩又有多種譯名，音譯有：薩埵波輪菩薩、薩陀婆崙菩薩等名，是《般若經》所載之一位勤求般若波羅蜜多的在家菩薩。

據《佛母出生三法藏般若波羅蜜多經》卷二十三《常啼菩薩品》記載：常啼菩薩摩訶薩往昔求般若波羅蜜多時，不懼怕時間太長，不挂礙世事，不吝惜身命，不欲樂世間名聞利養，於諸世間不生依着，只一心念求般若波羅蜜多。又《大智度論》卷九十六解釋其名稱之由來，是因爲此菩薩小時候喜歡啼哭，故名常啼，或有説是因行大悲，心柔軟故，見衆生在惡世貧窮老病憂苦，爲之哭泣，是故衆人號爲薩陀波崙。也有説是菩薩爲求佛道故，憂愁啼哭七日七夜，所以天龍鬼神號曰常啼。

據《道行般若經卷九·薩陀波崙菩薩品》所載，菩薩在夢中聽聞東方有般若波羅蜜大法，爲求大法便向東行，中途經過魔所樂國時，爲了供養其師而賣身，後來再行涉二萬里路，終至犍陀羅國，見到曇無竭菩薩。依照般若思想在《大毗婆沙論》編纂以前，已經流行於犍陀羅這個地方推論，此菩薩或許真有其人，在當時還從印度西方來犍陀羅，求取般若波羅蜜之法。後世便將此菩薩與曇無竭菩薩作爲般若菩薩的脅侍。

22.除憂暗菩薩：又稱樂摧一切黑暗憂惱、除一切暗、除憂、除憂惱，覺清净。爲金剛界曼荼羅賢劫十六尊中，東面南端之尊。此尊以除一切衆生之憂惱冥暗爲本誓。密號爲解脱金剛。

23.持地菩薩：又稱内修金剛、願相金剛，密教中的菩薩。佛經中稱讚此菩薩能負荷衆生，如同大地一樣能持萬物，所以稱他爲持地菩薩。在過去世中毗舍如來住世講法，持地菩薩還是一位修行的比丘，他常出没在交通要道或險要地段，將道路上的低窪之處填平，以免車馬陷入，持地比丘用神力幫助衆生。有一次，國王備下齋飯准備迎請佛陀，持地比丘便把佛陀所經過之處平整一新，等待佛陀的到來。毗舍如來看到他的行動，十分高興，給持地菩薩摩頂并對他説："汝當平心地，則世界地一切皆平。"意思是，地由心造，心平則一切地平。持地聞聽，頓時心開，看到組成身體的微塵與世界的微塵其實是一樣的，一切虛妄皆有其所生，因此悟得"塵銷智圓，成無上道"。持地菩薩用大地證得平心之道，所以稱爲地大圓通菩薩。

五六、無盡意菩薩之二

五八、智積菩薩

六一、持地菩薩之三

四、密宗菩薩之二

1.寶波羅密菩薩，梵名：音譯爲羅怛那波羅密多，意譯作寶到彼岸，密號平等金剛或大寶金剛，是密教金剛三十七尊之一，四波羅蜜菩薩之一，爲大日如來四親近菩薩中的第二位，位列金剛界曼茶羅成身會等的中央月輪，居於大日如來的南方。

此尊形象、印契等，在金剛界曼茶羅諸會中各個不同。於成身會中，形象全身呈白金色，作天女形，着羯磨衣，左手屈肘持蓮花，花上有寶珠，右手仰掌持金輪，於蓮花上結跏趺坐，印契用寶生佛之施願印。

此尊將一切之福德集聚舒遍於虛空界，照了真如智慧而能令衆生得證菩提。

據《大教王經》卷二記載，寶生如來入於寶波羅蜜三昧，爲供養毗盧遮那如來，而流出寶波羅密菩薩。

2.智幢菩薩，梵名：音譯枳娘裏計都，又稱爲常恒菩薩、常利益菩薩，密號爲智滿金剛、法滿金剛。此菩薩的本際智慧光明常住不滅，本性清净而能摧破戲論，遍照十方，所以有此稱號。

智幢菩薩爲賢劫十六尊之一，處密教金剛界曼茶羅三昧耶會、微細會、供養會外輪南方四菩薩中，位於西方第一位之菩薩。

在微細會，此菩薩身呈白肉色，左手握拳，置於腰側，右手屈臂，持幢幡，坐於蓮花。供養會中則屈左右兩臂，置於胸前，手持蓮花，其上有寶幢，跏趺坐在蓮花上。

3.金剛王菩薩，梵名：音譯縛日啰邏惹，爲不空王之義，又稱爲金剛藏菩薩、金剛鈎王菩薩、不空王菩薩，別名金剛請引菩薩、妙覺菩薩、最上菩薩。是密教金剛界三十七尊中，東方阿閦如來四親近的第二尊，位居東方月輪阿閦如來右方的菩薩。

此尊代表阿閦如來的一德，示現得自在、一切歸服之相。本誓是以四攝法鈎召一切有情，密號自性金剛、執鈎金剛。

此尊的形象於金剛界曼茶羅各會中并不相同。於成身會中，身呈肉色，二手腕交叉抱於胸前，二手作金剛拳，印相爲鈎召印，表示上迎一切如來以自利，下引一切衆生以利他，即於自利利他之願行無礙自在，所以得到金剛王之名。在供養會中，則兩手持蓮，蓮上有雙立三股鈎。

另外，在密教胎藏界金剛手院中，此尊居於第三行持妙金剛菩薩左方，身呈淺綠色，三手握拳豎食指，交腕抱於胸前，披天衣，衣帶向上飄，跏坐於伏蓮上。

4.五大力菩薩：五大力菩薩是指無量力吼菩薩、雷電吼菩薩、無畏十力吼菩薩、龍王吼菩薩、金剛吼菩薩，又稱爲五大力尊、五方菩薩、五大力明王。

在《仁王般若波密多經卷下·受持品》中說：如果未來世有諸國王護持三寶者，我使五大力菩薩往護其國：（1）金剛吼菩薩，手持千寶相輪，往護彼國；（2）龍王吼菩薩，手持金輪燈，往護彼國；（3）無畏十力吼菩薩，手持金剛杵，往護彼國；（4）雷電吼菩薩，手持千寶羅網，往護彼國；（5）無量力吼菩薩，手持五千劍輪，往護彼國。

由於新舊譯本的不同，菩薩名也有所差異，依不空所譯的《仁王護國般若波羅蜜多經》（即新譯《仁王經》）卷下《奉持品》及《瑜祇經疏》中所述，金剛吼又名金剛波羅蜜多，手持金剛輪；龍王吼又名金剛寶，手持金剛摩尼；無畏十力吼又名金剛手，手持金剛杵；雷電吼又名金剛藥叉，手持金剛鈴；無量力吼又名金剛利，手持金剛劍。

另外依據《仁王護國般若波羅蜜多經道場念誦儀軌》及《仁王般若經念誦次第》中說，可知以上五菩薩依兩種輪而示現威怒身，如東方金剛手菩薩之正法輪身即普賢菩薩，教令輪身是威怒降三世金剛，有四頭八臂。總之，五大力菩薩乃五佛的正法輪身，其教令輪身爲五大明王，修法祈請有除去盜難的利益，并能修證世出世間的一切功德。

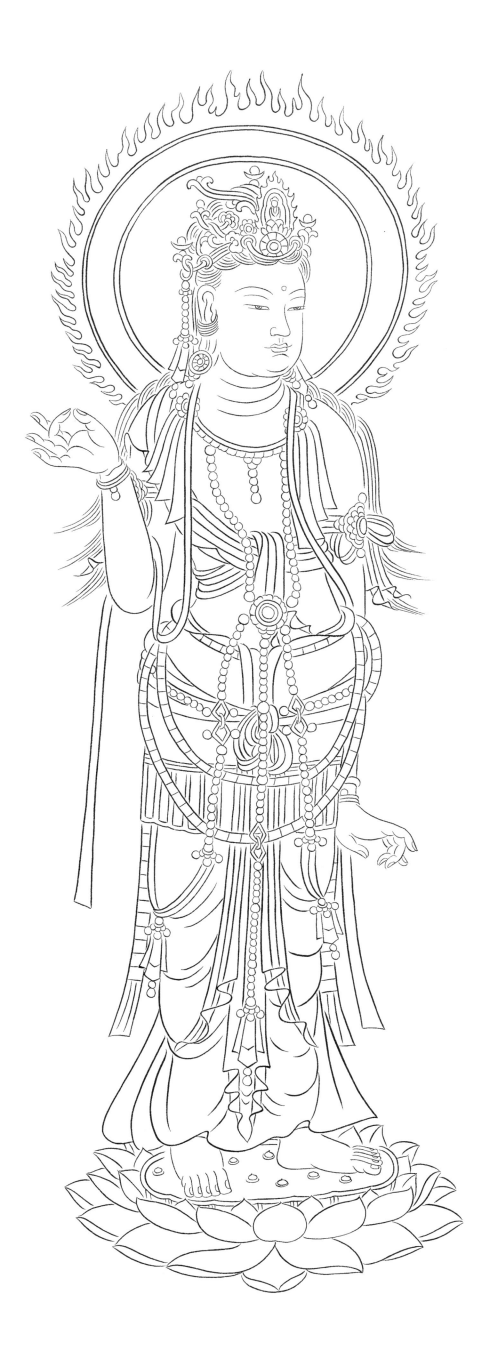

五、密宗佛母

1. 佛眼佛母：是密宗所供奉的本尊之一，位於密教胎藏界曼荼羅中，是遍知院及釋迦院中的一尊。佛眼佛母尊及般若中道妙智的示現，具有五眼，能出生金胎兩部諸佛、菩薩，爲出生佛部功德之母，故稱"佛眼"。修持佛眼佛母之法門，可以平息灾障，增長福德、壽命，常作爲財寶法之本尊。在遍知院的佛眼佛母，又名爲"虛空眼""諸佛母"，位於中央一切如來智印的北方，密號"殊勝金剛"。形象是遍身肉色，頭戴寶冠，係有珠鬘，耳懸金環，臂着釧環，穿紅錦衣，結定印，於赤蓮花上結跏趺坐。

2. 大勇猛菩薩：坐於胎藏界曼荼羅遍智院之角智印左方，梵名摩訶尼羅、譯言大勇猛，密號稱爲嚴訊金剛，肉色，左手當臍，持如意輪，右手持利劍。

3. 大安樂不空金剛真實菩薩：與大樂金剛薩埵同，坐於胎藏界曼荼羅遍知院之最南，梵名摩訶縛日羅母伽三昧耶薩怛縛，譯言金剛不空真實菩薩，密號爲真實菩薩，即普賢延命菩薩。

4. 頂髻尊勝佛母：膚白色，三面八臂，正面白，右面黃，左面藍，各面三只慧眼；右四手分執交杵，蓮花座無量光、箭，以及結施願印，左四手之一以羂索結期克印、之二執弓、之三結施依印、之四以定印捧瓶；絲寶嚴身，結金剛跏趺坐。

六、金剛薩埵

"金剛薩埵"爲梵文的音意合譯，音譯爲"跋折羅薩埵"，意譯爲"勇猛大士"或"金剛手""普賢"。金剛是"堅固""銳利"意；薩埵是"有情""衆生"意，是對一切有情識者的通稱。下至"蠕動含靈"的微蟲，上至臨近佛的菩薩，皆稱薩埵。所以，金剛薩埵其實是一位性堅如金剛，能破執斷惑，無堅不摧的大菩薩，他又叫"金剛心菩薩"，一切衆生由此尊之加持力而發心。他又是顯教普賢菩薩的密號。

金剛薩埵最妙最善，對一切衆生平等相待，他的功德無處不在。他的地位很高。藏傳佛教認爲，大日如來是第一祖，金剛薩埵是第二祖。

金剛薩埵頭戴五佛冠，身色潔白，如水晶光明無垢。金剛薩埵有半身像，也有雙身像。其法相一頭二臂，具足天衣、珍寶、瓔珞等報身佛之一切莊嚴，右手執五智杵置於心間，左手執般若波羅蜜多金剛鈴於左胯。

金剛薩埵主一切如來金剛法印，故右手舉杵當胸。持金剛杵者，表示能摧毀忿、嫉、昏沉等十種煩惱；左手執金剛鈴者，表示以般若波羅蜜清净法音，警覺一切有情及二乘人。藏密認爲，修持金剛薩埵本尊密法，可止一切惡念，令不增長；能破一切煩惱，增長無量無邊福智。而且在修其他法門之後，如加誦金剛薩埵咒語三遍或七遍，所修法中偶有過失、遺漏之處，諸尊護法不將爲咎。

七、金剛薩埵菩薩

金剛薩埵菩薩，又稱"金剛手""秘密主""執金剛""金剛手秘密王"，金剛手菩薩摩訶薩等稱號。薩埵是有情、勇猛的意思，金剛薩埵就是勇猛的大士。此菩薩與普賢菩薩同體異名。普賢菩薩從大日如來的雙手接過五智金剛杵，并接受大日如來的灌頂，所以稱爲金剛手，還泛指持金剛杵的菩薩或專指密迹金剛力士。他是具有大威力的護法神，由於受持金剛杵，所以又稱爲執金剛神。因爲其身、口、意變化莫測，隱秘難尋，所以稱爲密迹金剛。傳説在很久以前，勇郡轉輪王在世的時候，有二兄弟名叫法念和法意，他們同時發誓言，法念誓願在賢劫的如來出世時成爲梵王天，以便經常勸請世尊轉大法輪；法意則誓願成爲親近佛陀，捍衛佛法的金剛力士。後世所傳的金剛力士，就是秉承這位法意的誓願而來世間的護法神。

據《金光明經》所載，金剛力士是大鬼神王，與其眷屬五百徒衆都是大菩薩，是護持《金光明經》的信衆。此力士經常以强悍的行動來護衛佛法、保護佛陀。但是當世尊入滅時，性格如此剛烈的他却怎麽也不能忍受佛祖舍弃衆弟子獨自涅槃，一想到再也不能護持佛祖便悲痛萬分，心如刀絞，手中的金剛杵也没有了用武之地。他將金剛杵擲於石中，從他的行動中可以看出金剛力士對佛陀的赤膽忠心。

《大日經疏》中説，西方稱夜叉爲秘密，因爲他身、口、意來去無踪影，很難追踪，所以稱爲密迹。秘密主或密迹主都是指夜叉王。由於他手執金剛杵侍衛佛陀，所以又稱爲金剛手。如來本尊的身語意密，只有達到佛的境界才能知道，對於這樣的秘密神通，是秘中之秘，所以稱其爲秘密主。此尊也是代表如來身、語、意密的金剛薩埵，爲八大菩薩之一，位於金剛界東方的月輪中。《仁王經念誦儀軌》中記載，此金剛手即普賢菩薩，手持金剛杵，代表正智猶如金剛，破碎一切邪魔惡念。其形象莊嚴，身後有光明月輪，頭戴五佛冠，右手持金剛杵，左手持鈴，結半跏趺坐於蓮臺上。

八、四攝菩薩

"四攝菩薩"是根據佛教的"四事攝法"而產生的四位菩薩。四事攝法是佛菩薩爲攝引衆生皈依佛道而行的四種方便法門，也是大乘佛教的重要內容。

四攝法包括：布施攝——應其所需而施以財、法、無畏布施，盡其生感恩愛戴之心。愛語攝——隨衆生根性而用善言慰喻關懷。利行攝——做利益衆生之事及勸化、引導衆生做有益的事。同事攝——與衆生同事共處，隨機教化。

金剛鈎菩薩：位居金剛界曼荼羅第一重之東門。密號爲召集金剛、鈎引金剛。金剛鈎菩薩以堅固猛利之菩提心，拔引衆生出離惡趣，猶如漁夫以鈎捕魚。他司攝取衆生之德，并召集一切賢聖臨降道場。與四攝相配，爲布施之內證。

金剛鈎的形象是身呈黑色，左手作拳置於腰部，右手執鈎。或右手置於胸前，豎食指，以其餘四指持蓮花，花上置鈎，鈎上有火焰；豎左肘，絞天衣於腕中，以無名指、小指握之，直豎其餘三指，跏趺坐於蓮花上。

金剛鎖菩薩：位於曼荼羅第一重之南門月輪中。密號爲等引金剛、慈引金剛。金剛鎖菩薩以慈悲心平等引導衆生進入佛道，亦以禪定大菩提心引攝諸佛入於壇場，主"牽引衆生"之德。與四攝事相配，爲利己之內證。

金剛鎖的形象爲身呈肉色，左手握拳，右手執鎖；或兩手持蓮花，花上有鎖。其印相爲二拳相背。而小指、二食指相鈎如連鎖。

金剛鈴菩薩：金剛鈴本爲密宗法器，爲督歷衆生精進和喚起佛菩薩驚覺所振搖之鈴。在修法中，爲驚覺、勸請諸尊，令彼等歡喜而振搖之。其柄呈金剛杵形，樣式共有五種。"鈴"又表示説法之意。五種鈴既象征五智五佛説法之外用。

金剛鈴菩薩位居金剛界曼荼羅外院方壇之北方。又稱遍入菩薩、攝入菩薩、召入菩薩，密號爲解脱金剛、歡喜金剛。此尊象征確實攝取衆生而歡喜雀躍，猶如漁夫捕獲魚蝦時，歡喜而振鈴。於四攝法相配，主同事之內證。

此尊形象是身呈青色，左手置拳握於腰間，右手伸拇指、食指，餘指彎曲置於胸前，蓮花上有三股鈴。

九、度母

度母：在一個名叫多光的世界，度母曾經是一位國王的公主，名叫慧月。她立下誓言，用女人之身成等正果。自此定功圓融，解脫了許多有情。在如來上師的面前，發誓拯救衆生脫離灾難，故有"救八難"之稱。特別是她曾向仲頓巴説："我願使你等成爲觀音菩薩的後學。"因此，在藏區此神易於修煉成功。阿底峽將此神作爲本尊，一生事無大小，都向她奏請。她象征諸佛之法力與尊嚴，尤其象征用女人之身成佛；膚色象征成就智慧；法器象征將衆生救跋於輪回。總之，她是一切羯磨及灌頂之神。體現密道之空界，母續之諸神，部與部主神，二十一度母從另一方面體現其事業的成就法。如修念此尊，無論做何事，迅速成就。特別指出的是，自從她向世尊與觀音發願菩提心的時候起，法緣深厚，故福力廣大，善瑞非凡。

度母一般都身體冰清玉潔，具備相好莊嚴，語言悦耳動聽，如迦陵頻迦鳥；意識深邃博大，洞悉一切。

1.佛母：在人世間，就像對養育子女者稱爲母親一樣，顯密論典中所説的聲聞、獨覺、菩薩、佛陀之母，是從弘揚其道之功德而言的。這裏的佛母，是指聖佛心續的通曉一切的智慧，修證此等功德的方法——究竟般若。其説法既象征爲所化轉法輪，經函象征爲此事而賣力，亦即象征智慧——深奧空性。欲最終獲得佛陀果位，就要抛弃二障，而這又取決於了悟空性的智慧。如若簡言智慧，有道是"無可名狀達彼岸"。

2.綠度母：度母是梵文，全稱爲聖救度母，爲觀世音菩薩的化身，是密教觀音部的佛母，又稱爲聖多羅菩薩、多羅尊觀音、綠度母、救度母等。意譯作眼、極度、救度，所以略稱爲"度母"。共有二十一尊，稱二十一度母，皆爲觀世音菩薩的化身，綠度母即二十一度母之主尊。

依《度母本源》記載：觀世音於無量劫前利益有情，然衆生度不勝度，菩薩悲愍落泪，泪淌成蓮花化現度母，此度母向觀自在菩薩云："汝心勿憂悶，我爲汝伴助，做度脱無量衆生之事業。"并説偈言："汝心勿憂悶，我誓爲汝助；衆生雖無量，我願亦無量。"此乃度母化現的因緣。

從此這位度母開始廣度衆生。於是她的名稱，普聞十方世界，十方諸佛齊來爲她灌頂，異口同聲讚嘆，并稱之爲"度母"意爲"救度一切衆生的佛母"。這是"救度佛母"的由來。

度母在藏地流傳最廣的是綠度母與白度母。綠度母現妙齡女子相，因爲全身綠色，故稱"綠度母"。其現慈容、半跏趺坐於蓮花日月輪上，一面二臂，頭戴五佛寶冠，珠寶瓔珞爲飾，并穿各色天衣，下身重裙，以爲莊嚴。右手向外置於右膝上，作施願印，并持烏巴拉花；左手掌心持烏巴拉花。

3.白度母：又稱爲增壽救度佛母，與無量壽佛、佛頂尊勝佛母合稱爲長壽三尊，爲觀音悲心之示現，是聖救度母的二十一尊化身之一。白度母身如皎月，具有救度八難的威德，她的面、手、脚共具七目，所以稱七眼佛母。也有認爲其爲阿彌陀佛左眼所化現。

在藏地造像中，白度母一頭二臂，身白色，頭戴五佛冠，髮烏黑，三分之二挽髻於頂，三分之一成兩綹披於兩肩。右手置膝施接引印，左手當胸，以三寶印捻烏巴拉花。花沿腕臂至耳際，共有三朵，一朵含苞，一朵半開，一朵全開，代表三寶，或表白度母是出生救度八難的一切三世諸佛之母。她身着五色天衣綢裙，耳環、手釧、指環、臂圈、脚鐲具足。寶珠瓔珞第一串繞頸，第二串繞胸，第三串繞臍。全身花鬘莊嚴，細腰豐乳，如十六妙齡少女。身發如意白光，雙跏趺坐於蓮花月輪上，修持白度母法，能增長壽命及福慧，斷生死輪回之根，免除一切魔障瘟疫病苦，凡有所求無不如願。

4.頂髻尊勝佛母：又稱佛頂尊勝、尊勝佛母，簡稱爲尊聖母。爲"長壽三尊"之一，多供在無量壽佛右邊，左邊爲白度母，三尊象征福壽吉祥。佛頂，是指如來之無見頂相，乃常人無法了知的殊勝相，具足最上最勝之功德。在一切佛頂中，尊勝佛頂能去除一切煩惱業障，破壞一切穢惡道之苦。八佛頂以尊勝佛頂爲總體故。此外，此尊尚能使五穀豐熟，增長衆生之財寶，福德。

頂髻尊勝佛母，其形象有三面八臂，面上各具三眼，中面白色，嫵媚寂静貌，右面金黄色笑容愉悦狀，左面爲似烏巴拉花之藍色，露牙現凶憤相，身如秋月皎白無暇，面貌如妙齡少女。

右第一手持四色十字金剛羯磨杵於胸前，第二手托蓮座上有阿彌陀佛，第三手持箭，第四手施願印置於右腿前；左第一手忿怒拳印持羂索，第二手上揚作施無畏印，第三手執弓，第四手定印托甘露寶瓶。佛母身有花鬘、天衣、寶冠、瓔珞等莊嚴，安坐於蓮花月輪上。

八八、財施度母

十、哼、哈二將

寺院的大門，一般是三門并立，中間是大門，兩旁各一小門，所以叫"三門殿"。因佛寺多在山間，有"天下名山僧占多"之說，故也稱"山門殿"。寺院的山門殿裏，在門的兩旁常立兩位金剛像，二金剛爲鬼神力士之形，高二丈餘，威猛凛然可畏，儼然寺廟門神。

二位金剛成爲佛教門神有兩種説法。

一種説法是，此二金剛是手持金剛杵（古印度最堅固之兵器）護衛佛的夜叉神，又叫"執金剛"。傳說，釋迦常有手持金剛的五百個隨從侍衛。其中最重要者叫"密迹金剛"，是五百名侍衛之首。

密迹金剛原爲法意太子，他曾發誓説，皈依佛教後，要常親近佛，爲金剛力士，普聞一切諸佛秘要密迹之事。這也是其名諱"密迹"的來歷。於是，他擔當起把守寺院第一道大門的重任。不過，最初的金剛力士只有他一位，這很不符合中國傳統的"對稱""成雙"習慣，於是，又增加了一位，一左一右對稱地立於山門殿兩側。古印度也風行安置諸天及藥叉神等護法，以守護伽藍（寺院）的習俗。

《毗奈耶雜事》卷十七載："給孤獨長者施園之後……佛言，'長者！於門兩頰應作執杖藥叉，次傍一面作大神通變'。"這新增加的一位也是有來歷的，即著名的大力士"那羅延天"。那羅延天爲梵文的譯音，意譯爲"金剛力士""堅固力士""人中力士"等，本是具有大力的印度古神。唐朝慧琳《一切經音義》卷六載，那羅延又稱"毗紐天"，欲求多力者，如精誠祈禱供養此天，則多獲神力。此天多力，身爲綠金色，有八臂，乘金翅鳥，手持鬥輪及種種器杖，常與阿修羅爭鬥。因那羅延具有大力之故，後世將他與密迹金剛共稱爲二王尊，安置於寺門。因其被置於寺門兩側，又叫"右弼金剛""左輔密迹"。左輔密迹，是密迹金剛；右弼金剛，即"那羅延天"。

由於那羅延突出的大力士身份，所以阿彌陀佛的四十八大願的第三十二願是那羅延身願："我作佛時，生我國者，善根無量，皆得金剛那羅延身、堅固之力……若不爾者，不取正覺。"是説往生極樂世界之人皆可得那羅延金剛堅固之身。

民間習慣把二位佛寺門神叫做"哼哈二將"。這種叫法來源於明代著名神魔小説《封神演義》。

《封神演義》裏説，哼哈二將一個叫鄭倫，一個叫陳奇。"哼將"鄭倫本是商紂王的督糧上將，拜西昆侖度厄真人爲師，度厄真人傳他竅中二氣，碰到敵人把鼻子一哼，響如洪鐘，同時噴出兩道白光，吸人魂魄。周代紂時，鄭倫每與人戰，常以哼鼻這一絕招取勝。後來鄭倫被周將鄭九公擒獲，投降了周武王，當上了武王的督糧官，仍以哼鼻取勝，後被商朝大將金大昇斬爲兩半。

"哈將"陳奇也是商紂王的督糧官，受異人秘術，養成腹內一道黃氣，張嘴一哈，黃氣噴出，見者魂魄自散。陳奇每與周將戰，則以哈氣絕招取勝。哈將陳奇與降周的哼將鄭倫接戰，一位鼻中噴出兩道白光，一位口中迸出一道黃氣，一哼一哈，彼此相拒，不分勝負。後來陳奇被哪吒打傷臂膊，又被黃飛虎一槍刺死。

周滅商後，姜子牙歸國封神，敕封鄭倫、陳奇"鎮守西釋門，宣布教化，保護法寶，爲哼哈二將之神"。

許多寺廟據此在山門塑哼哈二將神像。有些地區還將哼哈二將作爲門神，過年時一左一右貼在大門之上，至今還有這種門畫上市，頗受民間歡迎。其實，佛教經典中根本沒有"哼哈二將"之名。

十一、天龍八部

天龍八部是佛教的重要護法神衆，又叫"天龍八部"。

1. 天衆：如護持佛教的大梵天、帝釋天等二十諸天既是。在八部衆中，天衆隊伍龐大，地位最高，神通最大。他們原來大多是印度婆羅門教的崇拜對象，佛教吸收他們爲護法神後，將他們置於"六凡"之首。他們雖有神力，仍在衆生之列，未出三界，但遠遠高過人類。

2. 龍衆：傳説中管與雲降雨之神。《華嚴經》中載有無量諸大龍王，如毗樓博龍王、娑羯羅龍王等，莫不勤力，行雲布雨，令衆生熱惱消滅。最著名有五大龍王——善住龍王、難陀婆難陀龍王、阿耨達龍王、娑樓那龍王、摩那蘇婆帝龍王。《華嚴經隨疏演義鈔》記載有七大龍王，《金光明最勝王經》記載有八大龍王等。

3. 夜叉：對中國人來説很熟悉。如地獄夜叉、巡海夜叉、母夜叉等。夜叉是梵文音譯，意思是"能啖鬼""捷疾鬼"等。《陀羅尼集經》卷三還有十六藥叉（夜叉）將的説法，并且每一大夜叉將下各有七千小夜叉，共有十幾萬夜叉衆。《地藏菩薩本願經》載有："地獄諸罪人，備受衆苦。千百夜叉，以及餓鬼，口牙如劍，眼如電光，手復鋼爪，拖拽罪人。復有夜叉，執大鐵戟，中罪人身，或中口鼻，或中腹背，拋空翻接，或置床上……等如是。"夜叉又常與羅刹相提并論，二者皆爲惡鬼。

4. 乾闥婆：是香神或樂神。原爲婆羅門教崇拜的群神。《阿闥婆吠陀》説有六千三百三十三個，據稱是奉侍帝釋天而司奏伎樂之神。《大智度論》卷十稱，乾闥婆王"至佛所彈琴讚佛，三千世界皆爲震動"。乾闥婆是佛教中歡樂吉祥的象徵。敦煌壁畫中的飛天就是中國化的乾闥婆，飛天都是少女形象，體態豐盈，飄帶飛揚，凌空飄蕩，極爲優美。

5. 阿修羅：爲梵文"Asura"音譯，簡稱修羅。爲六道十界之一，意譯爲"非天""非同類"。阿修羅接近諸天，不同於諸天，故稱"非天"。原爲古印度神話中的一種惡神，喜好打鬥，常與帝釋天爭鬥不休，争奪美女、美食和天界統治權。阿修羅身形奇大，《增一阿含經》卷三説他身廣長八萬四千由旬，一張嘴就有一千由旬！其形象有多種説法，或謂九頭千眼，口中出火；或謂千頭二千手，萬頭二萬手，三頭六手等；或謂三面青黑色，忿怒裸形相，六臂。男修羅容貌丑惡，女修羅則很美麗，佛教將他們收爲護法神。

6. 迦樓羅：金翅鳥，其大無比，兩翅相去三百三十六萬里。《探玄記》卷二説，南贍部洲只能容其一足！此鳥以龍（蛇）爲食，可除毒蛇害，有益於衆生。這位迦樓羅，在中國被視爲在佛陀頭上的一個護法神——大鵬金翅。

7. 緊那羅：歌神，前邊提到的乾闥婆爲奏俗樂的樂神，而緊那羅則爲奏法樂之天神。緊那羅還有男女之分，男性其貌不揚，長着個馬頭；女相則相貌端莊，有一幅絶妙的好嗓子。據説有五百仙人在山中修禪，當時緊那羅女正在雪山天池中洗澡，洗得暢快，不禁唱起歌來。迷人的歌喉，唱得五百仙人"即失禪定，心醉狂逸，不能自持，譬如大風吹諸林樹"。《大智度論》也説，有五百仙人騰雲駕霧，在空中飛行，好不逍遥自在。忽然傳來了緊那羅女的動人歌聲，大仙們頓時如醉如痴，忘乎所以，道術一下失靈，"皆失神足"，紛紛從空中栽落塵埃。

8. 摩睺羅伽：梵文"Mahoraga"的音譯，意譯爲"地龍""大蟒神""大蟒蛇"等。

以上爲八部衆，因天衆和龍衆最重要，故統稱爲天龍八部。天龍八部中的許多神來自婆羅門教和印度古代神話，其中還有一些惡神，説是護法，其實主要是對付異教徒的。威武的四大天王和英俊的韋馱的確給佛門增色不少，一群群男女夜叉護持着佛祖，但這恰恰顯示了佛教的感召力和包容性。

十二、藥師十二大將

1. 宮毗羅大將：譯爲"金毗羅""宮比羅"，意思是"金頭""威如王""蛟龍"等，身呈黃色，膚呈赤色，現忿怒相。此大將本地爲彌勒菩薩，是亥時之守護神，頭戴猪冠，右手執大刀横於頭上，左手開掌當腰。

2. 伐折羅大將：譯爲"跋折羅"和"耆羅"，意思是"金剛"。此大將本地是大勢至菩薩，是戌時守護神。通身呈青色現忿怒相，頭髮茂盛聳上，頭戴狗冠，右手執劍，左手作拳當腰。

3. 迷企羅大將：譯爲"彌伸羅""彌佉羅"，意思是"金帶"。腰束金帶，多福多善，一般拿着寶棒或獨鈷杵。此大將本地爲阿彌陀如來，是酉時之守護神。通身赤色，現忿怒相，頭戴雞冠，左手作拳押下腰部。

4. 安底羅大將：譯爲"安佗羅"，意思是"能持"或"多聞"，因爲掌管十座山，可以常聽到佛法。此大將的本地爲觀世音菩薩，是申時之守護神，通身赤色，現大忿怒相，頭戴猴冠，右手曲肘於右胸前開掌向前，曲左手開掌，掌上放寶珠。

5. 額爾羅大將：譯爲"末爾羅""摩尼羅"，意思是"沉香""密香""如意珠"，等等，渾身充滿香氣，如同珠寶，身呈紅色。此大將的本地爲摩利支天，是未時之守護神，通身呈白色，現忿怒形，頭髮上聳，頭戴羊冠，右手執羽箭，左手持矢根。

6. 珊底羅大將：譯爲"娑爾羅""素蘭羅"，意思是"螺女""石女"或"花鬘"。此大將的本地爲虛空藏菩薩，是午時之守護神。通身呈赤色，現忿怒形，頭戴馬冠，右手把三股戟，左手持螺貝。

7. 因達羅大將：譯爲"因陀羅"，意思是"能天主""持山"或"地持"，職責是保護天界及人間的山地。此大將本地爲地藏菩薩，是巳時之守護神，通身赤色，頭戴蛇冠，右手屈肘開掌，置於胸邊，左手執三股戟。

8. 波夷羅大將：譯爲"波耶羅"，意思是"鯨魚"或"幻術"，因爲他身形長大，仿佛一條鯨魚，而且具有大幻術，故名。此大將的本地爲文殊菩薩，是辰時之守護神。身呈白肉色，容貌忿怒，頭戴龍冠，右手屈臂作拳攜矢，左手持弓。

9. 摩虎羅大將：譯爲"薄呼羅""摩修羅"，意思是"蟒龍行""腹行""玩樂"或"執日行"，可能是他和龍、蟒執日玩耍而得名。此大將本地爲藥師如來，是卯時之守護神。通身青色，稍作忿怒相，頭髮赤色上聳，頭戴兔冠，右手執戟，左手作拳當腰。

10. 真達羅大將，譯爲"真特羅"，意思是"一角"或"疑神"，因頭上長了一只角，人們看見他總要疑心，故名。此大將本地爲普賢菩薩，是寅時之守護神。現笑怒容貌，右手作拳當腰，左手持斧。

11. 招杜羅大將，譯爲"朱杜羅""照頭羅"意思是"嚴職""殺人者""月光"或"月色"，因威嚴時就像一個殺人魔頭，溫和時就像月色一樣，故名。此大將本地爲金剛手菩薩，是丑時之守護神。通身赤色，現忿怒形，頭戴牛冠，右手把橫劍，左手開掌執劍尖。

12. 毗羯羅大將：譯爲"毗伽羅"，意思是"善藝""尋伺""字本"或"聲教"，因喜歡向別人學藝，故名。此大將的本地爲釋迦如來，是子時之守護神。通身青色，現忿怒形，頭戴鼠冠，右手下垂持三鈷，左手作拉袖之形態。

十二藥叉神將，亦稱"十二藥叉"，而藥叉就是夜叉的意思。不過，這十二夜叉又并非普通夜叉，而是護衛藥師佛的神將，有些人則認爲他們就是藥師佛的十二個化身。

一般來說，藥叉能够被稱爲"大將"或"神將"，説明他們已經獲得了菩薩的果位。擁有大慈悲心和大無畏精神，功德俱全，威嚴自在。

一天，佛陀講解完藥師經，十二藥叉神將明白藥師佛的十二大願望之後，便同時向佛發誓："今承蒙您的威力，我們明白了世尊藥師琉璃光如來的意思，只要有人供奉藥師琉璃光如來的名號，我們就會保佑他們解脱一切苦難，滿足他們的一切願望。"

修學藥師法門還可得到如下四種利益：

一、貴人：他們能令人富貴，光宗耀祖。這個要求非常符合老百姓心態，因此敬奉藥師十二大將的寺廟非常普遍。

二、遮持：他們的咒語可以揚善除惡，只要有人念同樣的咒語，就可以獲得藥叉神將的神力加持。

三、疾風：藥叉身手敏捷，往來迅速如風，因此可以在最短時間内響應衆生的祈求和佛陀吩咐的事情。

四、勇健：藥叉勇猛有力，外力無法克製他們，反而會被他們降服，因此佛陀和菩薩們經常以夜叉形象普度衆生。

十二藥叉神將手下各有七千藥叉，總共是八萬四千藥叉護法神。他們可以讓衆生斷除八萬四千的煩惱，獲得八萬四千的智慧，這也是藥師佛大開方便之門。

另外，佛經中還有十六善神的説法。其實，十六善神就是十二藥叉加上四大天王。

九七、十二藥叉大將之一 宮毗羅大將

九八、十二藥叉大將之二　伐折羅大將

一〇一、十二藥叉大將之五　頗爾羅大將

一○六、十二藥叉大將之十　真達羅大將

一〇七、十二藥叉大將之十一 招杜羅大將

一〇八、十二藥叉大將之十二　毗羯羅大將

十三、法海寺壁畫二十諸天之一

法海寺位於北京市石景山區,翠微山南麓。壁畫全稱爲《帝釋梵天禮佛護法圖》。畫面位於殿內北牆左右兩側,全長 14 米,高 3.2 米,繪二十諸天像,全圖共有 36 個人物,人物高 1.2 米至 1.6 米。

此圖是北墻西側,畫面長 7 米,高 3.2 米,繪有部分二十諸天。依畫面自右至左排列順序爲:閻摩羅王、金剛密迹、散脂大將、鬼子母、月天、辨才天、菩提樹天、西方廣目、北方多聞、帝釋天等。

今根據有關經典對諸天略作解釋,其他如牛頭、長髮鬼、小孩等侍從均不作解釋。

1.閻摩羅王天:是梵文的音譯,意譯爲雙王。原爲印度神話中管理地獄的主長,有時亦爲餓鬼道的主宰。佛教沿用其說,稱爲管理地獄的魔王。漢化後,多爲濃眉巨眼虬髯王者相。

2.金剛密迹:又稱金剛力士、金剛夜叉等。釋迦牟尼成佛後,常有五百執金剛(手執堅固武器的藥叉)隨從侍衛。其主領者即金剛密迹力士,手持金剛杵(降魔杵)。

3.散脂大將:此尊別名爲半支迦,譯作密神,曾納鬼子母爲妻室,生五百子。爲毗沙門天之眷屬,是八大將之一,管領二十八部衆,身着甲胄,左手持金剛戟,表力大無窮。

4.鬼子母:譯爲愛子母、歡喜母等,原爲婆羅門教中的惡神,專啖食小孩,稱之爲"母夜叉"。被佛化後,稱爲專司護持兒童的護法神。

5.月天:梵名爲戰捺羅,又叫月寶天子,或寶吉祥天子等,屬十二天之一。是大勢至菩薩的化身,原爲男相,漢化後爲青年后妃相。

6.辨才天:是梵天之后妃主智慧福德之天神。聰明而有辨才,又司音樂,故另名妙音天、美音天等。

7.菩提樹天:原爲印度教的地神,守護菩提樹的天女。釋迦牟尼在菩提樹下打坐成道時,如遇下雨,她就用樹葉做傘爲佛擋雨,是最早的護法神。有一侍女爲之舉幡。

8.西方廣目天:爲護世四天王之一,專守護西方,即護持西牛賀洲。他能以淨眼觀察護持世界,故名廣目。

9.北方多聞天:四大天王之一。別名毗沙門天,此天原爲婆羅門教之神,名爲金毗羅。主掌黑暗界事務,後來皈依佛法,化爲光明神,最後爲施福護財善神。因他常護如來道場并聞法,故名多聞天。又爲北方守護神。

10.帝釋天:直譯爲天帝。傳說在古代印度的神話中,此天是時常被提及的神,他常與阿修羅交戰,極其勇猛神武,一度投入佛法,爲忉利天之主神,住須彌山頂上之善見城,能統轄三十三天。來中國漢化後,帝釋天常作少年帝王相,男人女相,後又作女后相。

十四、法海寺壁畫二十諸天之二

此圖在北墻東側，畫面長 7 米，高 3.2 米，繪部分二十諸天。依畫面自左至右排列順序爲：娑羯羅龍王、韋馱天、堅牢地天、摩利支天、日天、功德天、大自在天、南方增長天、東方持國天、大梵天等。

1. 娑羯羅龍王：在佛教中爲護法天神，漢化後爲中國式的龍王，作帝王相。

2. 韋馱天：譯作陰天。韋馱天是南方八大將之一，是四天王及三十二將的主位。受佛令，完成佛教護法大任，統帥東、南、西三州，主利生化益，救濟一切衆生爲其本誓，古來欲建伽藍之場合，須先安奉此神像。

3. 堅牢地天：是梵文的意譯，音譯爲比裏低毗。原爲婆羅門教中的地神，男相，曾爲釋迦牟尼的福業作過證明，是佛教的護法天神，漢化後，作女后相。

4. 摩利支天：梵文的音譯，意譯陽焰光天。原爲印度神話中的光明女神。她常行日前，日不見彼，彼能見日，能利用隱身法救人苦難。在佛教中爲護法天神。

5. 日天：日天譯作日宮天子、寶光天子等。十二天之一，原爲印度太陽之神格化，能遍照四天下及四大洲，與守夜之月天子，兩兩相對，隨從四大天王。在佛教中爲護法天神，主司乾坤運轉。後漢化爲帝王相。

6. 功德天：是梵文至意譯，又名吉祥天女，音譯摩訶室利。原爲婆羅門教中命運、財富、美麗女神，掌管財富，散布吉祥，有大功德，故名。在佛教中爲護法天神，漢化後作爲后妃相。

7. 大自在天：音譯摩醯首羅天。是三千大千世界之主，是造化一切萬物的主宰者，凡人間所受之苦樂悲喜，悉與此天王之苦樂悲喜相一致。此天喜時，一切衆生均安樂。此天嗔時，一切衆生均受苦患。如果世界毀滅時，一切的萬物均歸於摩醯首羅天官。原爲婆羅門教主神之一的濕婆，在印度神話中是毀滅之神，又是苦行和舞蹈之神。在佛教中他爲護法神，爲鎮東北方神。

8. 南方增長天：此天爲護世四天王之一，梵音毗樓勒叉，或毗流馱伽，主守護南瞻部洲，常住須彌山第四層之南琉璃埵天官。諸雍形鬼、餓鬼等爲其眷屬。

9. 東方持國天：亦是四大天王之一，專守東勝神州地域，其梵名爲提頭賴吒，譯作持國、或安民。其常住天官，是須彌山的第四層，在東勝神州的黃金埵。此天能護持國土，率領諸癲狂鬼、香陰神將等，主樂神。

10. 大梵天：譯作清淨，原爲印度教之主神，是創造天地的主宰者，即創造一切，又是毀滅之神。在佛教中大梵天是色界諸天之王，爲釋迦佛的護法天神。

十五、菩提達摩

　　菩提達摩：簡稱"達摩"。意譯爲"道法"。本名"菩薩多羅"。他是貴族出身，屬於刹帝利種姓，一說他屬於婆羅門種姓。達摩是南天竺香至國國王的第三子，印度禪宗第二十七祖般若多羅至其國受國王供養，説法於王宮，乃與達摩相見。

　　達摩出家前即悟性極高，據《五燈會元》卷一載，有一天般若多羅掏出一顆十分名貴的大寶珠，問香至王的三個兒子："此珠圓明，有能及否？"兩個哥哥回答説："此珠七寶中尊，固無逾也。非尊者道力，孰能受之？"意思是説這顆寶珠無比珍貴，一般人哪有福氣得到？而達摩的回答却很是不同凡響，他説這顆閃閃發光的大寶珠可以稱得上是"世寶""世光""世明"，但却比不上"法寶""智光"和"心明"。意思是説這後三者只有佛才具有，寶珠的珍貴如何比得上佛陀？

　　達摩接着説："此珠光明，不能自照，要假智光……然則師有其道，其寶即現。衆生有寶，心寶亦然。"意思是説要靠外在事物來肯定自己是寶貝的東西，絶不是真正的寶貝，只有得到老師（禪師）的"道"，認識到自己的價值（"心寶"）才是真正的"寶貝"。

　　般若多羅見達摩很有根器，遂決定傳法與他，達摩父王去世後，他辭別諸兄，從般若多羅出家。般若多羅曾囑達摩曰："汝且化此國，後於震旦（指中國）當有大因緣，然須我滅後六十七載，乃可東之。"般若多羅入滅後，達摩從師教，留本國教化。六十餘年後，前往中國，泛舟渡海，歷三年到達中國南海。

　　達摩於梁武帝普通元年或大通元年來到廣州，受到廣州刺史蕭昂的禮迎，并上表奏聞於武帝。帝覽表後，遣使迎請至建康（今南京）。

　　梁武帝問他："朕即位以來，造寺寫經，度僧不可勝計，有何功德？"言語間頗顯自負。不料達摩説："并無功德。"武帝很不服氣，説："何以無功德？"達摩説："此但人天小果有漏之因，如影隨形，雖有非實。"一心想成佛的梁武帝只好向這位來自佛祖家鄉的正宗傳人請教："如何是真功德？"答曰："净智妙圓，體自空寂，如是功德，不認世求。"武帝又問："如何是聖諦第一義？"答曰："廓然無聖。"武帝有些不悦，又問："對朕者誰？"達摩曰："不識。"最後，"帝不領悟，祖（達摩）知機不契"，二人不歡而散。

　　達摩與梁武帝話不投機，遂離建康渡江北上。相傳達摩來到江邊，江水茫茫無舟楫可渡，只有一位老婦坐在岸邊，身邊有一捆蘆葦。達摩向她要了一根蘆葦，放入江中，雙脚踏上去，眼觀鼻，鼻觀心，心觀丹田，憑借一陣風悠悠北去。今天少林寺中還有一塊元代碑刻《達摩一葦渡江圖》。達摩來到嵩山少林寺，在寺後五乳峰找到一個天然石洞，"九年面壁而坐，終日默然。人莫之測，謂之壁觀婆羅門。"九年後，少林寺僧衆全成了達摩的門徒，遂把他請進寺内。達摩成了繼跋陀之後的少林寺第二代方丈大和尚。達摩的面壁禪定對中國佛教影響極大，人們把達摩提倡的禪定静慮、消除雜念、頓悟成佛的方法稱爲"禪學"。他所開創的這一中國佛教宗派——禪宗，爲佛門開闢了一個嶄新的境界。

　　達摩畫像是歷代畫家最喜愛描繪的題材之一。古人所繪達摩像大多是巨目濃眉、隆鼻大口、秃頂長耳、顴高頰肥、須髯如漆，完全是一副外國人模樣，與漢化了的佛菩薩形象很不同。達摩畫像的題材多爲《一葦渡江圖》《面壁圖》和《只履西歸圖》，也有拂然如怒、温然如笑、如睡如覺等各種姿態。歷代著名畫家幾乎都有達摩圖傳世。直到今天，許多畫家還是很喜歡畫達摩像。

十六、大威德明王像

明王是按照密宗教義和儀軌創作的佛教圖像，按密宗的理論説，諸佛可顯化爲自性輪身、正法輪身和教令輪身三種身。所謂自性輪身，是諸佛住於自性之法身，即諸佛之真身。所謂正法輪身，即諸佛爲教化衆生而顯化爲菩薩，以正法度人，這時所顯化的菩薩即爲此佛的正法輪身。所謂教令輪身，即菩薩受佛之教令而化現忿怒威猛之身，以摧伏淫剛衆生之邪魔，此時的忿怒威猛之身形即爲教令輪身。如密宗以大日如來爲真實不變之法體，故大日如來爲自性輪身。當他以正法化人時，則垂迹顯化爲般若菩薩身，此般若菩薩即爲正法輪身。而忿怒威猛的不動明王則爲他的教令輪身。

關於諸佛三種身的具體配置內容，各經典中又有多種不同説法。此外，有些經典還講諸佛菩薩以兩種輪身顯現：一是諸佛菩薩由所修行願而得真實報身，此爲正法輪身；二是佛菩薩以大悲之願而顯威猛忿怒之身，此即教令輪身。

一般所説的明王，就是指這種顯現威猛忿怒之形相的教令輪身。所以，明王像的特點，就是忿怒相，而且猙獰可怖。據説諸佛爲慈憫衆生，對順着以順勸，對逆者以逆治。顯忿怒畏怖之形，是爲降伏衆魔及衆生因無明而引起的貪、嗔、痴三毒等魔障。沉溺於貪、嗔、痴等魔障中的衆生，一旦觀此忿怒畏怖之相，即如當頭棒喝，使之猛然警醒，摧破三毒之迷障，從而能獲得解脱。明王的"明"字是光明的意思，密宗稱以佛的智慧光明摧破衆生的煩惱業障，所以爲明王。

密宗的明王有很多，常見的有五大明王、八大明王、十大明王等説。至於這些明王的具體名稱和配屬，在各部經典中有不同説法。按《秘藏記》等説，不動尊金剛是中央大日如來的教令輪身，他是降伏一切鬼魅惑亂的明王。降三世金剛是東方阿閦佛的教令輪身，是降伏侵害正法的大自在天魔的明王。軍荼利金剛是南方寶生如來的教令輪身，是降伏一切阿修羅鬼神的明王。六足金剛是西方阿彌陀佛的教令輪身，是降伏一切興惡風雨殘害有情的毒龍的明王。淨身金剛是北方不空成就如來的教令輪身，是降伏一切奪人精氣的藥叉的明王。

在上述五大明王之外，再加上穢迹金剛明王、無能勝金剛明王和馬頭明王，即成八大明王。此外，按《大妙金剛經》所説，八大菩薩現爲八大明王，他們是：金剛手菩薩現爲降三世明王、妙吉祥菩薩爲大威德金剛明王、虛空藏菩薩爲大笑金剛明王、慈氏菩薩爲大輪金剛明王、觀自在菩薩爲馬頭金剛明王、地藏菩薩爲無能勝明王、除蓋障菩薩爲不動尊金剛明王、普賢菩薩爲步擲金剛明王。

明王的面相，絕大部分都是忿怒形，這是一個特點。一般明王除面相以外，其他服飾等都如同菩薩。他們的形相、衣飾以及所持器物，在密宗經軌中都有詳細記載，但由於翻譯的不同，或各部經本身內容的差異，所以各種説法也有差別。

一一六、大威德不動尊明王

一二一、大威德甘露軍吒利明王

十七、菩薩

菩薩，梵語菩提薩埵之略稱，意譯作道衆生、覺有情。菩提，覺、智、道之意，薩埵，衆生、有情之意。與聲聞、緣覺、菩薩合稱三乘。又爲十界之一，即指以智上求無上菩提，以悲下化衆生，修諸波羅蜜行，於未來成就佛果之修行者。亦即自利、利他二行圓滿，勇猛求菩提者，對於聲聞、緣覺二乘而言，若由其菩提（覺智）之觀點視之，亦可稱菩薩，而特別指求無上菩提之大乘修行者，則稱爲摩訶薩埵（摩訶，意即大）摩訶薩、菩薩摩訶薩、菩提薩埵、摩訶薩埵等，以與二乘區別。

菩薩有多種分類，有依據解深淺而分，也有依發心大小而分，亦有按修行次第而分類的。如斷無明，證菩提的十信、十住、十行、十回向、十地、等覺、妙覺等五十二個階層，即是按修行次第而劃分的。有關菩薩之一切法則儀式，稱爲菩薩之法式。以達佛界爲目的之教，稱爲菩薩乘，其經典稱爲菩薩藏，《梵網經》等即述菩薩應持之菩薩戒。諸經典常舉之菩薩名，有觀音、大勢至、文殊、普賢等，還有在印度修學大乘的學者，如龍樹、世親等即被尊稱爲菩薩。中國亦有道安被稱爲印手菩薩、敦煌供養菩薩等。

一二三、敦煌、隋代 供養菩薩

一六五、脅侍菩薩

十八、樂舞飛天菩薩

在佛教龐大的組織係統中，"樂舞飛天"屬佛教護法神"天龍八部"中的"乾闥婆"和"緊那羅"兩部。乾闥婆是梵名，意譯爲香音神、樂舞神和執天樂等。傳説其不食酒肉，惟以香氣爲食，故而名之。乾闥婆原爲印度婆羅門教所崇奉的神祇，相關的神話很多，或有説爲身上多毛，或有説其爲半人半獸，也有説其樣貌極美。在印度神話中爲天上樂師。而在佛經中則爲八部護法衆之一，是帝釋天屬下職司雅樂之神。又諸經中或以之爲東方持國天的眷屬，是守護東方的神，具有衆多眷屬。

據《維摩經玄疏》卷五所説，此神常住地上之寶山中，有時昇忉利天奏樂，善彈琴，作種種雅樂，悉皆能妙。又據《大智度論》卷十所載，乾闥婆王至佛所彈琴讚佛，三千世界皆爲震動，乃至摩訶迦葉不安其座。還有在《法華經》卷七《觀世音菩薩普門品》中以此乾闥婆神爲觀世音示現的三十三身之一。關於其住處，在《長阿含經》卷十八《世紀經·閻浮提洲品》中記載："佛告比丘，雪山右面有城，名毗舍離，其城北有七黑山，七黑山北有香山，其山常有歌唱伎樂、音樂之聲。山有二窟：一名爲晝，二名善晝，天七寶成，柔濡香潔，猶如天衣，妙音乾闥婆王從五百乾闥婆，在其中止。"佛教諸多經典中都有提到有關乾闥婆的叙述。

在佛教中的香神和樂神不只有乾闥婆，八部衆中，緊那羅王本來并不是戰神，也是一個歌神和樂神。緊那羅過去譯作"人非人"或"疑神"，新譯爲"歌神"。爲佛教護法神"天龍八部"之一。據《法華文句》卷二説其"似人而有一角，故曰'人非人'，天帝法樂神，居十寶山。"緊那羅又稱"音樂天"，能作歌舞，男則馬首人身能歌，女則端正能舞，次此天女，多與乾闥婆天爲妻室。

可見緊那羅還有男女之分，男性其貌不揚，長着個馬頭；女性則相貌端莊，有一副絶妙的好嗓子。據《大智度論》説，有五百仙人騰雲駕霧，在空中飛行，好不逍遥得意。忽然傳來了緊那羅女的動人歌聲，大仙們頓時如醉如痴，忘乎所以，道術一下失靈，紛紛從空中栽入塵埃。

在印度神話中"飛天"是雲和水之神，肩下生有雙翼，以湖泊沼澤爲家，常遨游於菩提樹下。印度"飛天"隨着佛教傳入中國後，便沿着絲綢之路飛進新疆庫木吐拉石窟、克孜爾石窟、甘肅炳靈寺石窟、敦煌莫高窟等，使飛天形象越來越中國化。早期的飛天外形與菩薩相似，體型較短，身上佩戴的瓔珞較少，袒露着上身，大多排列成條狀，也有以單個的形式出現。外形有男有女，有的手持樂器演奏，有的手捧花鉢散花，顯得粗獷奔放。經過北魏時期、北周時期，到了唐代飛天樂舞形象發展到了高峰，不僅數量多，而且藝術神韵也最高，真正成爲東方樂舞飛天美神。

飛天樂舞菩薩是隨着佛教經典的廣泛傳入而變得豐富多彩。歌舞樂伎，梵唄讚歌，爲佛供果、獻寶、散花的歌舞伎，在優雅的歌舞梵唄中翩翩起舞，婀娜多姿，天衣飛揚，滿壁風動，使人仿佛到了天界佛國。

一九一、敦煌舞樂菩薩之十三

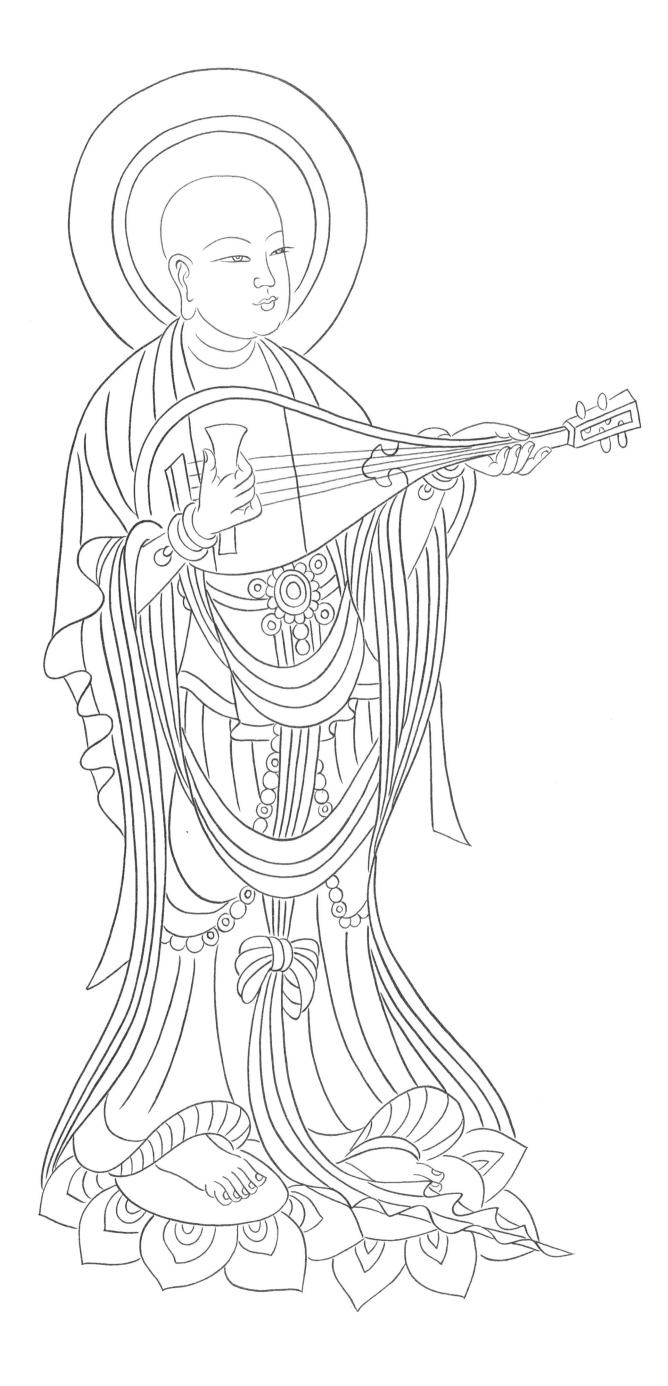

一九七、敦煌舞樂菩薩之十九

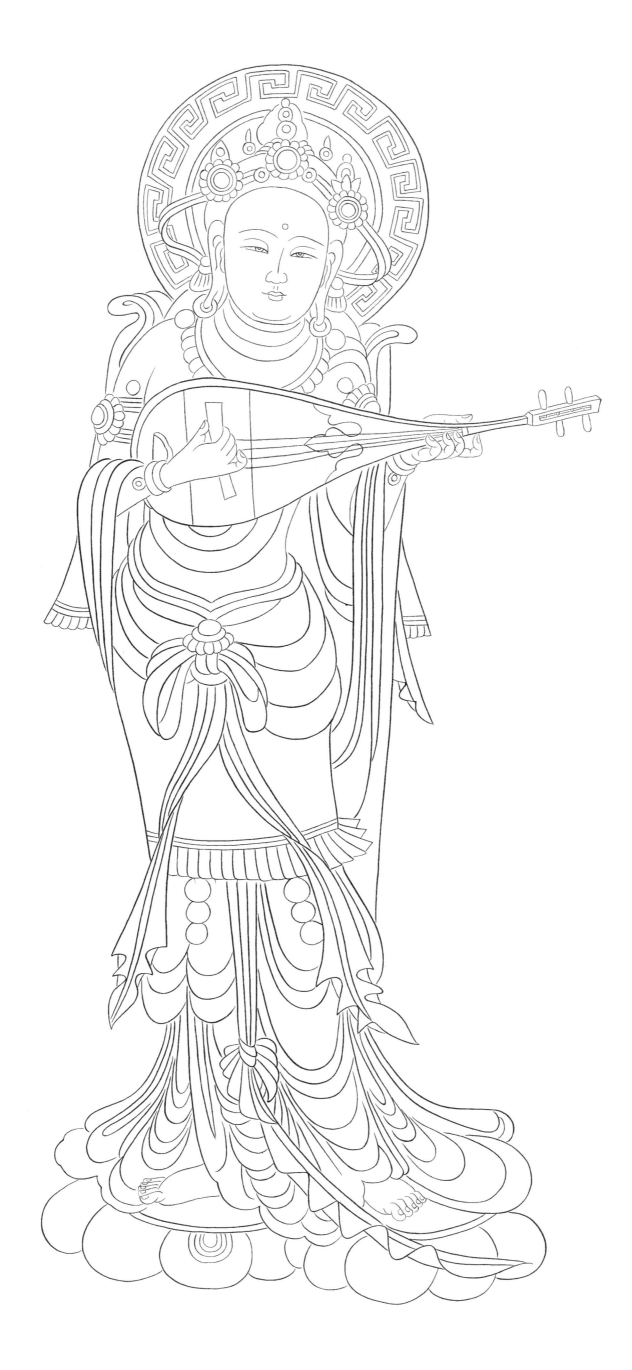

一九九、敦煌舞樂菩薩之二十一

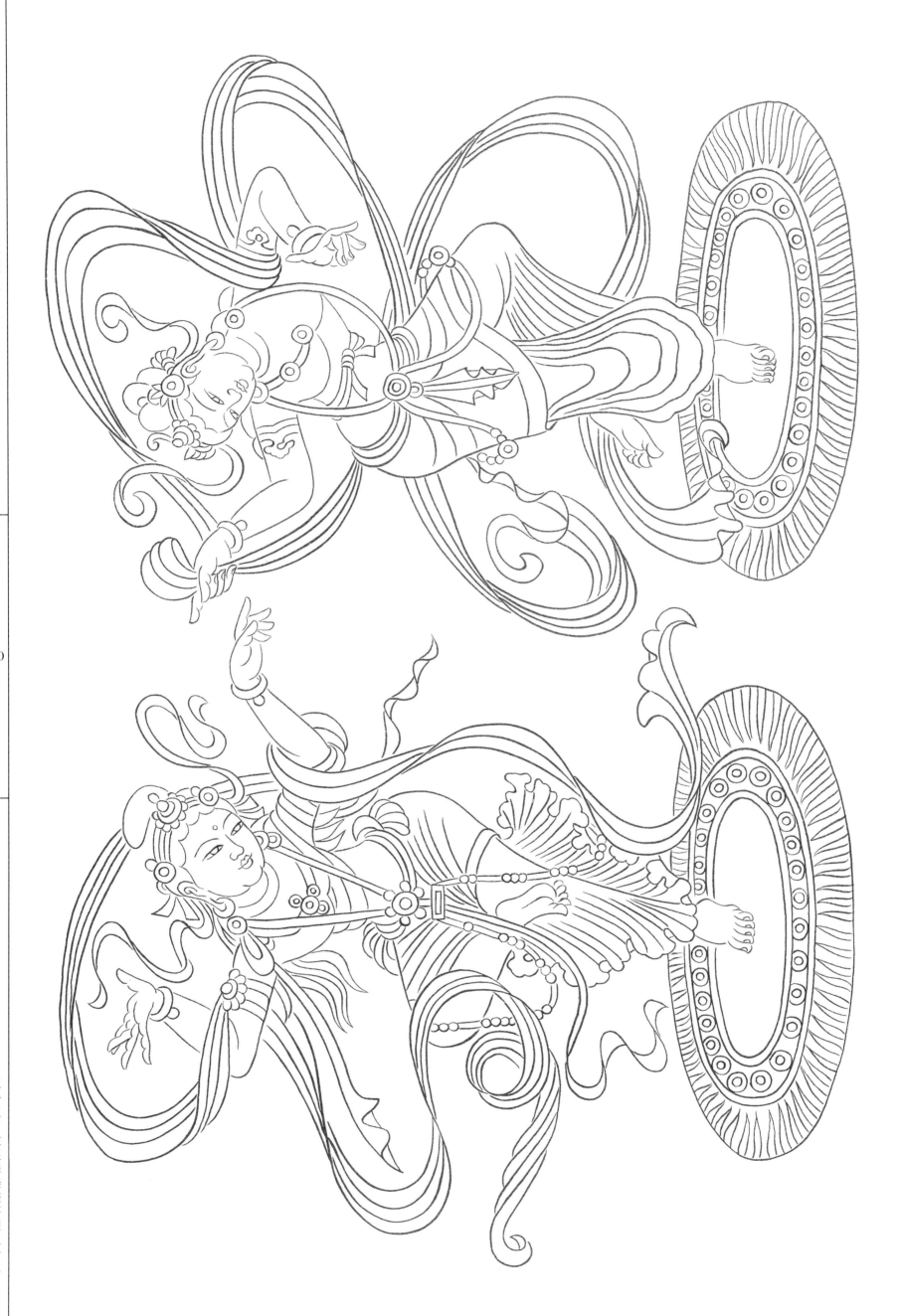

二一五、敦煌舞樂雙菩薩之十二

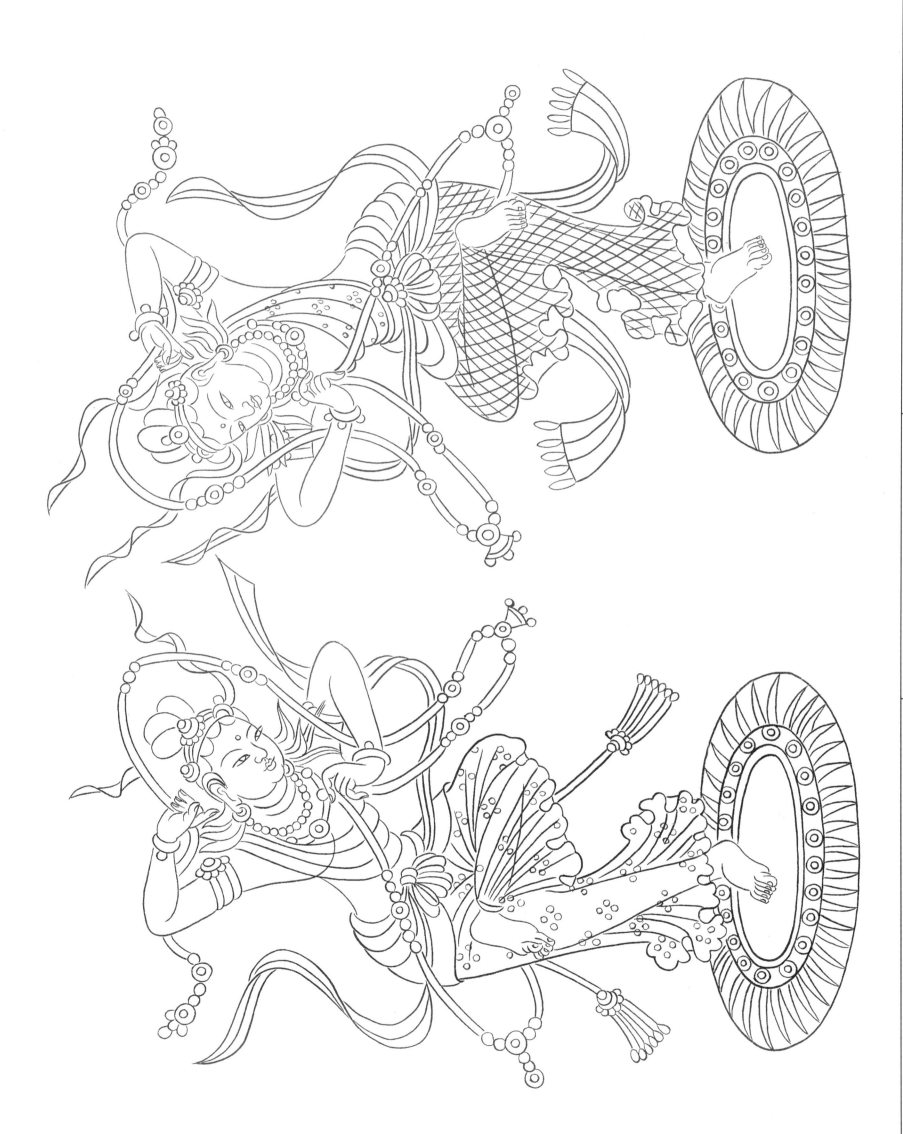

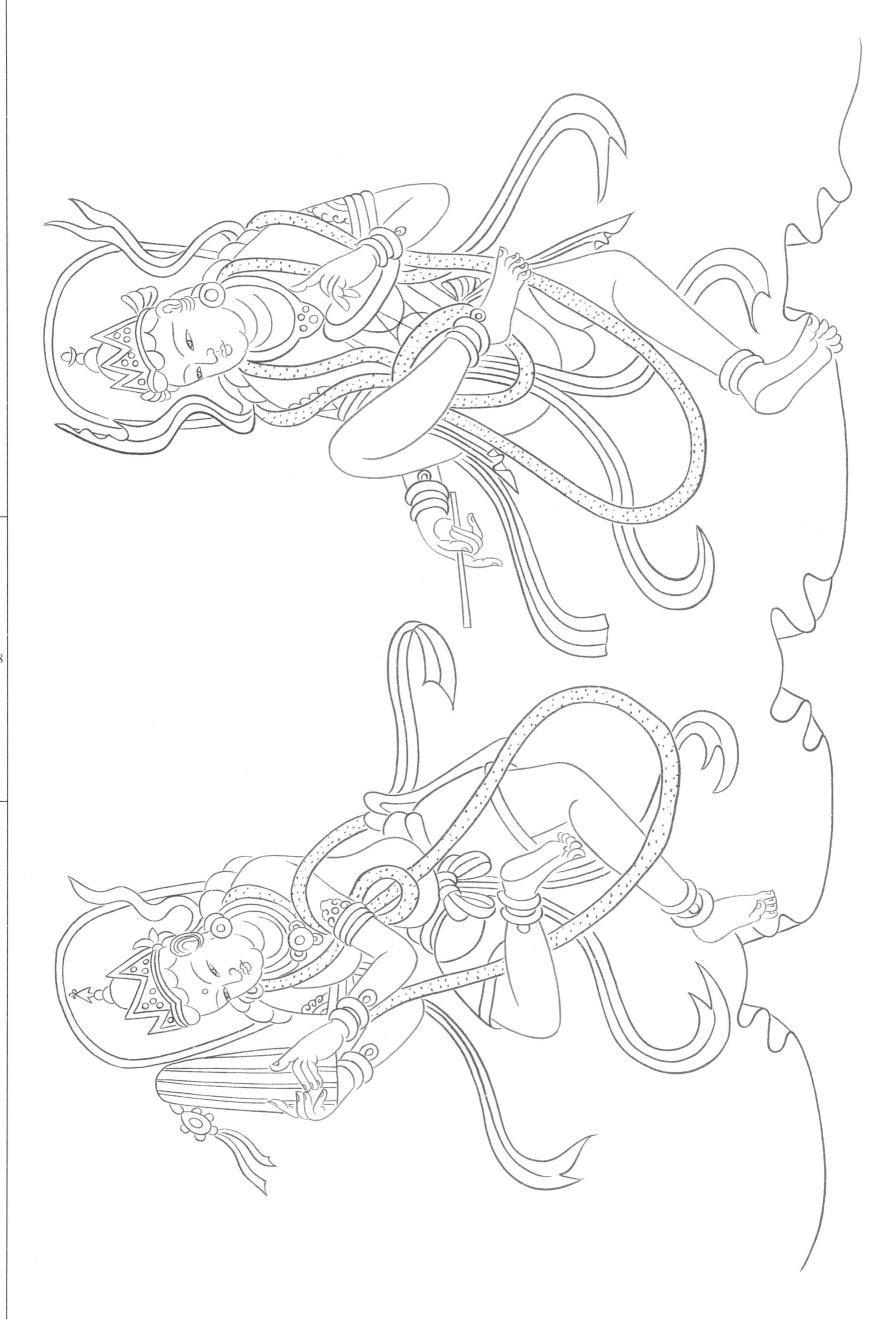

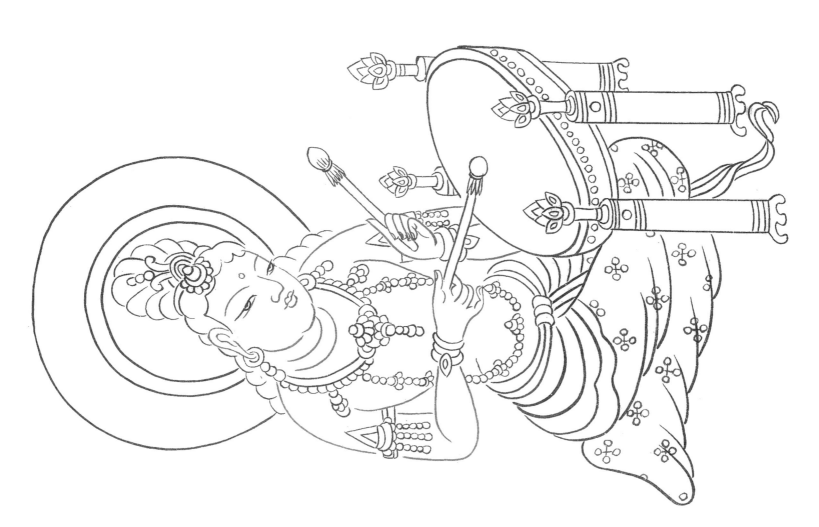

一二三、敦煌飛天舞樂菩薩之六

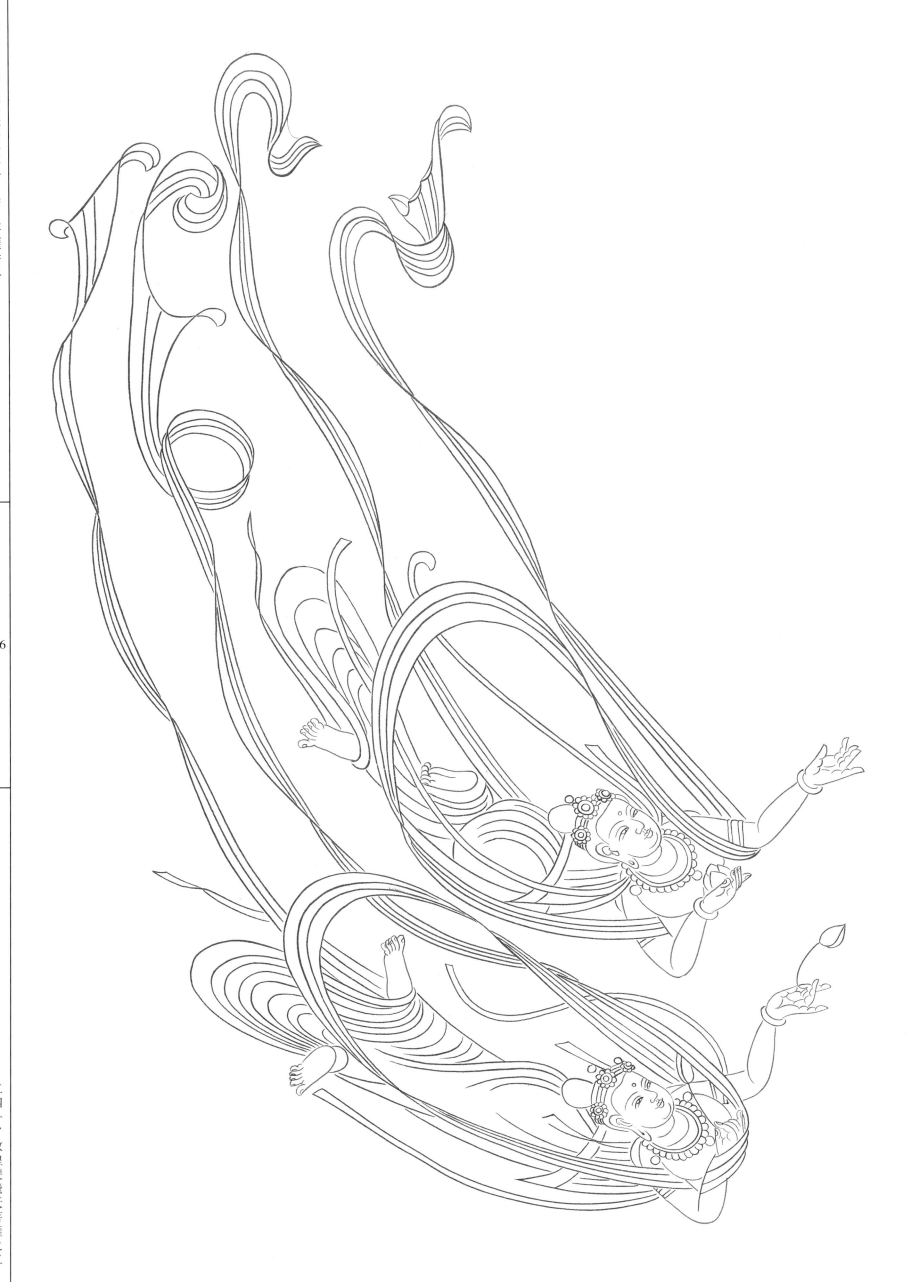

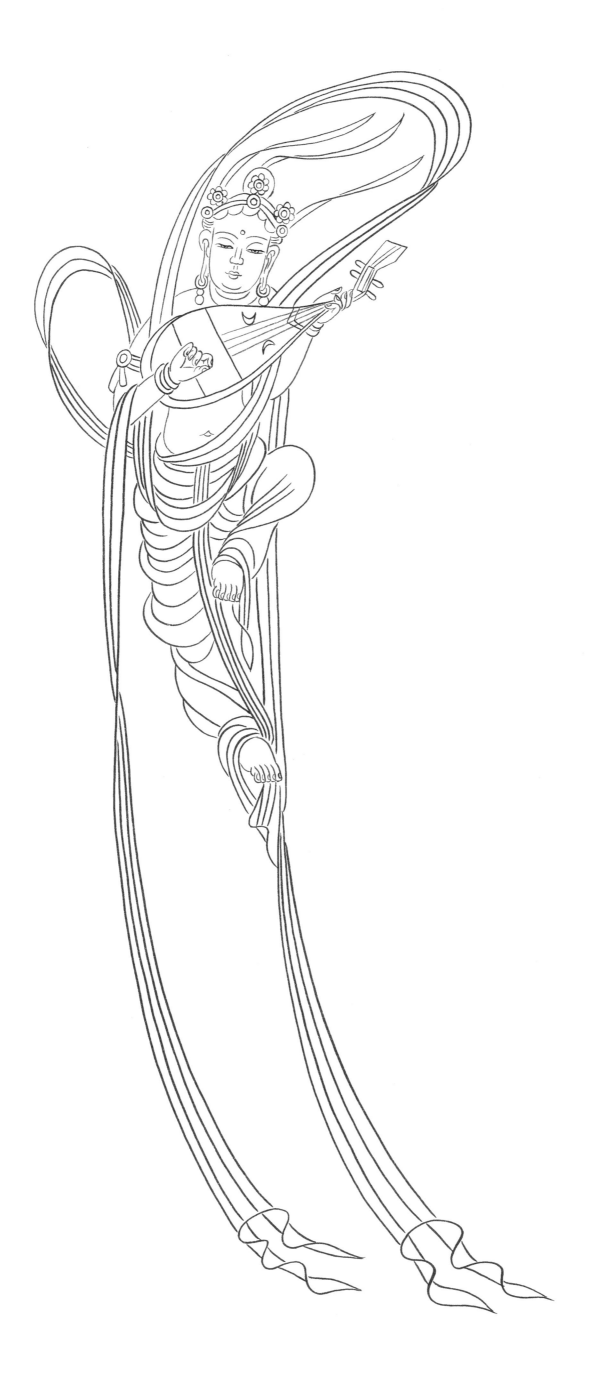

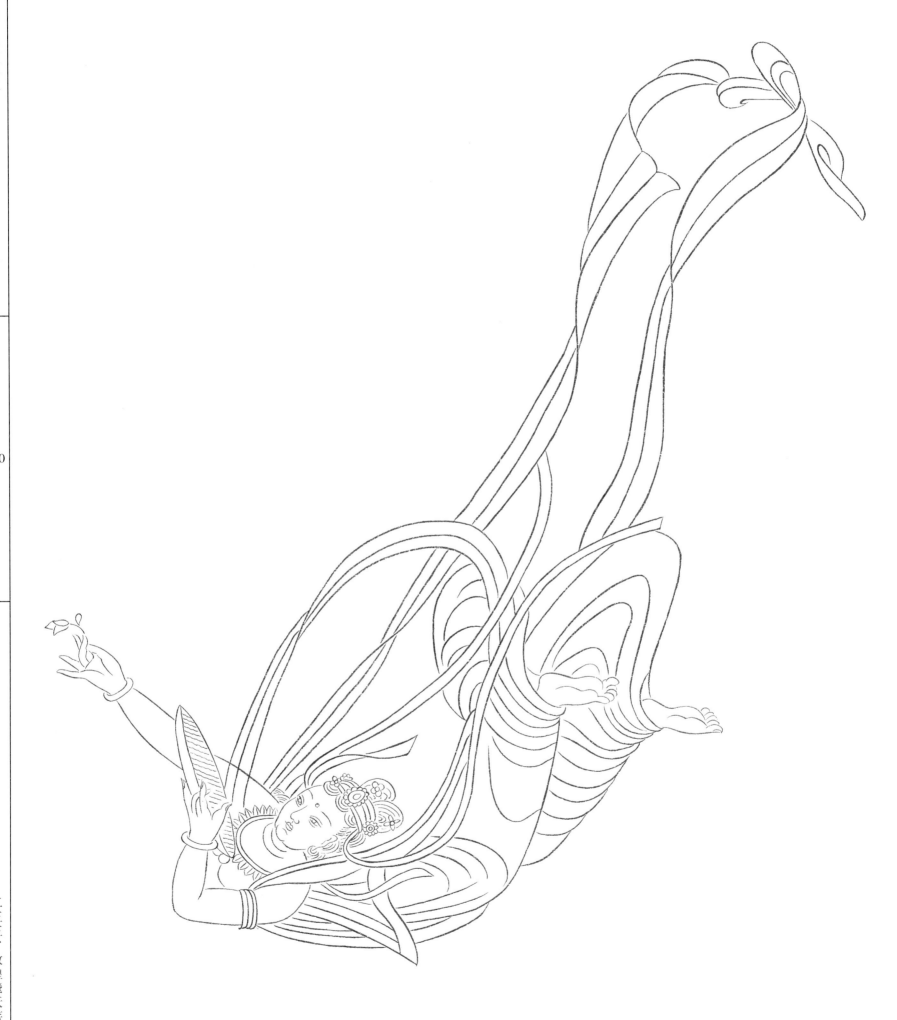

二六〇、聽法菩薩

二六八、盛唐 聽法菩薩之二

二七〇、盛唐 持花菩薩之一

二七二、法海寺壁畫菩薩

二七六、盛唐　柳枝菩薩

圖版目録

圖版目録

圖版目錄

圖版目録